ÉGLISES

DE

BOURGS ET VILLAGES

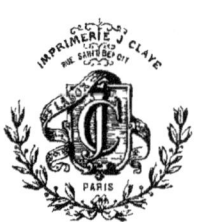

IMPRIMERIE J. CLAYE

RUE SAINT-BENOIT

PARIS

ÉGLISES

DE

BOURGS ET VILLAGES

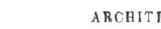

PAR

A. DE BAUDOT

ARCHITECTE

ELÈVE DE M. VIOLLET-LE-DUC

TOME DEUXIÈME

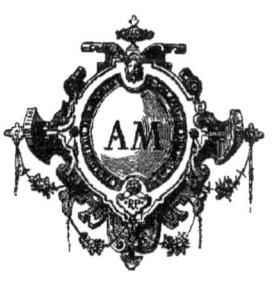

PARIS

A. MOREL, LIBRAIRE-EDITEUR

13, RUE BONAPARTE, 13

M DCCC LXXII

TABLE

DES

MONOGRAPHIES COMPOSANT LE SECOND VOLUME

IMPRIMERIE L. TOINON ET C⁹, A SAINT-GERMAIN

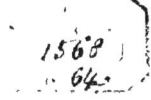

ÉGLISE

D'AILLANT-SUR-THOLON

(YONNE)

(5)

Chacun sait combien le sol bourguignon est riche en matériaux calcaires de diverses qualités, aussi voyons-nous dans toute cette province les habitations les plus modestes construites en maçonnerie, solidement exécutées et appareillées avec intelligence. Eu égard à ces habitudes locales, à la nature des matériaux qui s'y rencontrent, l'architecte de l'église d'Aillant, appelé à construire dans le département de l'Yonne, a été amené tout naturellement à adopter un système de construction qui répondît aux conditions dont il était entouré, et prit le parti de voûter l'édifice. Ce point de départ admis, il s'est appliqué à résoudre le problème par les moyens les plus économiques, tout en ne sacrifiant rien à l'apparence et recherchant dans la combinaison même du système, par suite dans les proportions, l'aspect monumental qu'il a su donner à son œuvre. Tenant compte, avant tout, de la configuration du terrain mis à sa disposition, il a dû donner au monument une largeur considérable relativement à sa longueur, et a rejeté, pour le même motif, le clocher sur la façade latérale. Ce clocher ainsi adossé au transsept est posé sur un porche qui, de la place, donne accès dans l'intérieur de l'église; cette entrée, par suite de la position qu'elle occupe, devait avoir une véritable importance que ne comporte pas habituellement une porte latérale, et il était impossible de prendre l'axe de ce porche pour l'axe principal de l'édifice, sans quoi la place eût été trop diminuée dans le sens de sa longueur. Cette disposition, qui était pour ainsi dire, sinon imposée par le programme, du moins indiquée par la situation, est originale et franchement accusée. Ce clocher est flanqué de deux petits appendices, dont l'un renferme les fonts baptismaux, et l'autre, un escalier qui conduit à la tribune; un petit escalier circulaire posé en encorbellement sur le mur de transsept donne accès du sol de la tribune à celui de l'étage du beffroi.

La planche (5) représente une travée du plan et la coupe transversale sur la nef, ainsi que le détail des sommiers correspondants aux diverses piles, dont la section ou plutôt la forme est donnée par la retombée des voûtes des bas côtés, la disposition des archivoltes et le plan de la colonnette portant l'arc-doubleau de la nef haute. Ces voûtes sont construites d'après le principe gothique, avec arêtiers en pierre; celles des bas côtés, tracées d'après le même principe, sont, au contraire, dépourvues d'arêtiers. Conçues sur plan carré, n'ayant qu'un développement beaucoup moins considérable que les voûtes supérieures, ne réclamant pas la même élasticité, eu égard à la situation relative qu'elles occupent dans la combinaison générale, ces voûtes des collatéraux, construites ainsi, ne laissent rien à désirer et permettent une économie notable. La coupe transversale montre comment les voûtes hautes sont contrebuttées par les arcs-boutants placés au droit des arcs-doubleaux correspondants, et logés sous le comble des bas côtés. On ne saurait trop insister sur l'avantage de cette disposition, qui permet d'éviter les arcs-boutants extérieurs, lesquels ne peuvent être construits qu'à grands frais à l'aide de matériaux de choix, et qui a surtout l'avantage d'influer sur toute l'économie de l'édifice, dont la hauteur totale peut être réduite autant que possible sans que les proportions, les conditions de lumière, en un mot le côté artistique, soient sacrifiés. L'exemple sur lequel nous nous appuyons en ce moment en est une preuve bien évidente. Du reste, cette appréciation du système de construction dont il s'agit ici est celle, croyons-nous, de quiconque a étudié sérieusement l'architecture du moyen âge, et cherche dans le principe de cet art des ressources utiles à nos édifices modernes, lorsque surtout il s'agit de constructions d'un ordre secondaire.

L'église d'Aillant est construite en pierres de diverses provenances et de diverses qualités, en moellons piqués et moellons bruts. Le dessin ci-dessous nous dispense d'entrer à cet égard dans de plus amples détails.

Devis descriptif.	QUANTITÉS.
	metr. cent
TERRASSE.	
Terrasse pour fouille, jet sur berge et regalage des terres aux abords de l'église, en remblais, 351m,02 × 2m de hauteur	702,04
MAÇONNERIE	
Béton en cailloux et mortier de chaux hydraulique de Pouilly et sable de rivière, 351m,02 × 0m,40 de hauteur	140,41
Béton sous le dallage, 739m.09 × 0m,19 d'épaisseur........................	73.91
Maçonnerie en moellons ordinaires et mortier de chaux de Dracy et sable de Pouilly pour fondations..	912,65
Chape en asphalte de Pyrimont-Seyssel avec goudron terrestre, de 0m 010 d'épaisseur, posée sans trou ni lacune....	205,92
Maçonnerie en moellons de Perrières hourdés en mortier de chaux de Dracy et sable de Pouilly, employée en élévation.............................	1562.79

	QUANTITÉS.
	mètr. cent.
Maçonnerie en moellons durs de Montsara hourdée en mortier de chaux et sable, en élevation (*ce moellon employé dans les parties inférieures*)	105,45
Surface des jointements extérieurs de moellon	1004,25
Maçonnerie en pierre dure de Chevroches employée pour socles (2 assises), bases des piles intérieures isolées et engagées, marches	169,87
Maçonnerie en pierre de taille dure de Champrotard (Couternoux), employée pour piles isolées, compris sommiers, piedroits des portes et du porche, couronnements	130.00
Maçonnerie en pierre tendre de Molesmes employée, pour piédroits et arcs des baies, chapiteaux, corniches, corbeaux, contreforts	1048,77
Plus-value de pierre de taille employée pour arcs	279,36
Taille layée sur pierre dure de Chevroches	347,23
Taille rustiquée sur pierre dure de Chevroches	356,84
Taille sur pierre dure de Champrotard	700,45
Taille sur pierre tendre de Molesmes	7000,00
(Environ 7 fois le cube en œuvre, cette évaluation pouvant être regardée comme exacte pour des constructions analogues.)	
Jointoiements extérieurs en mortier de ciment romain faits au fer	1004,25
Voûtes de remplissage en briques creuses hourdées et enduites en plâtre à l'intrados avec chape en plâtre à l'intrados	1100,87
Enduits en plâtre pur de 0m,01 d'épaisseur sur dressage en mortier de plâtre et sable	1223,24
Plafond de la sacristie (enduit en plâtre)	42,64
Dallage de 0m,06 d'épaisseur en pierre d'Anstrude de sciage posée sur mortier hydraulique	739,09
Carrelage de la sacristie	41,92
Cloisons en briques de 0m,11 d'épaisseur	20,00

CHARPENTE.

Charpente en chêne, premier choix de deux années de coupe, avec assemblages.	» »
Grand comble et abside	36,29
Comble des bas côtés	5,79
Comble de la sacristie	3,70
Tour et clocher	14,00
Charpente en chêne sans assemblage pour chevrons.	33 56

COUVERTURE

Couverture en tuiles petit moule à emboîtement, de Mesnil-Saint-Père (Aube), compris scellements d'égouts.	
Grand comble	730,00

	QUANTITÉS.
	métr. cent.
Couverture en tuiles grand moule à emboîtement sur lattis neuf en chêne.....	" "
Bas côtés..	396,30
Couverture en ardoises cartelettes sur volige neuve posée à 0ᵐ,08 de pureau (clocher)...	255,52
Faîtages composés de faîtières à bourrelet et à recouvrement scellées avec ciment romain...	56,00
Solins...	119,20
Arêtiers en terre cuite avec bourrelets de recouvrement....................	28,00

PLOMBERIE ET ZINC.

4 épis de clochetons,	
4 épis de lucarnes (plomb)......................................	128ᵏ, 00
Bavettes et noues en plomb.....................................	88ᵐ,20
Plomb employé en scellements....................................	200ᵏ, 00
Plomb en tables.	726ᵐ,00

SERRURERIE.

Crampons et goujons...	20ᵏ, 00
Tuyaux de descente (en fonte)...................................	1547ᵏ, 00
Fer forgé pour armatures de vitraux.............................	2629ᵏ, 51
Ferrures, pentures, etc..	1755ᶠ, 20,ᶜ
Gros fers...	3687ᵏ, 66

PEINTURE ET VITRERIE

	mètr. cent.
Peinture de la menuiserie.......................................	149,90
Peinture au minium des fers....................................	100,10
Vitrerie des croisées de la sacristie.............................	4,80
Vitrerie d'art..	190,36

MENUISERIE

Portes...	38,65
Croisées de la sacristie...	7,20

L'église a coûté, y compris la sculpture, estimée à 3,363 francs, une somme de 200,000 francs.

Imprimerie de L. Toinon et Cⁱᵉ, à Saint-Germain.

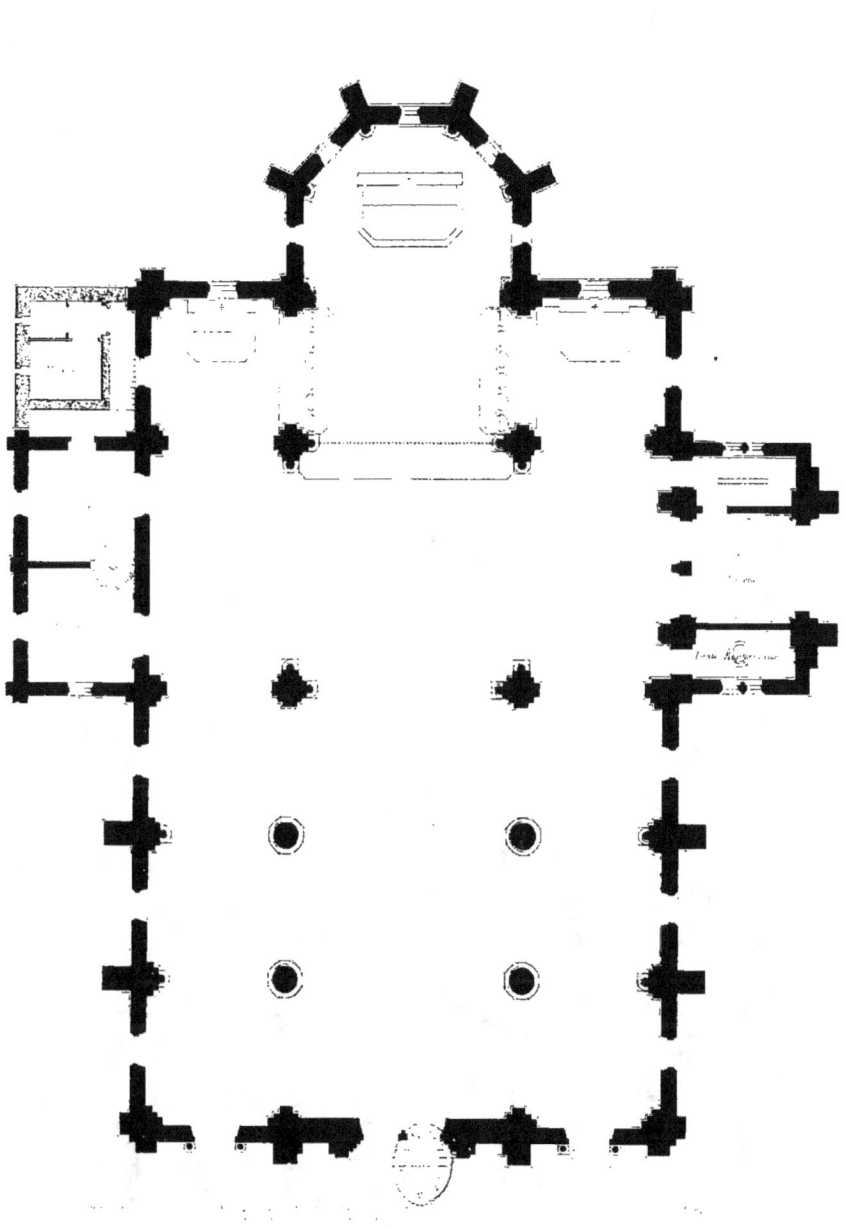

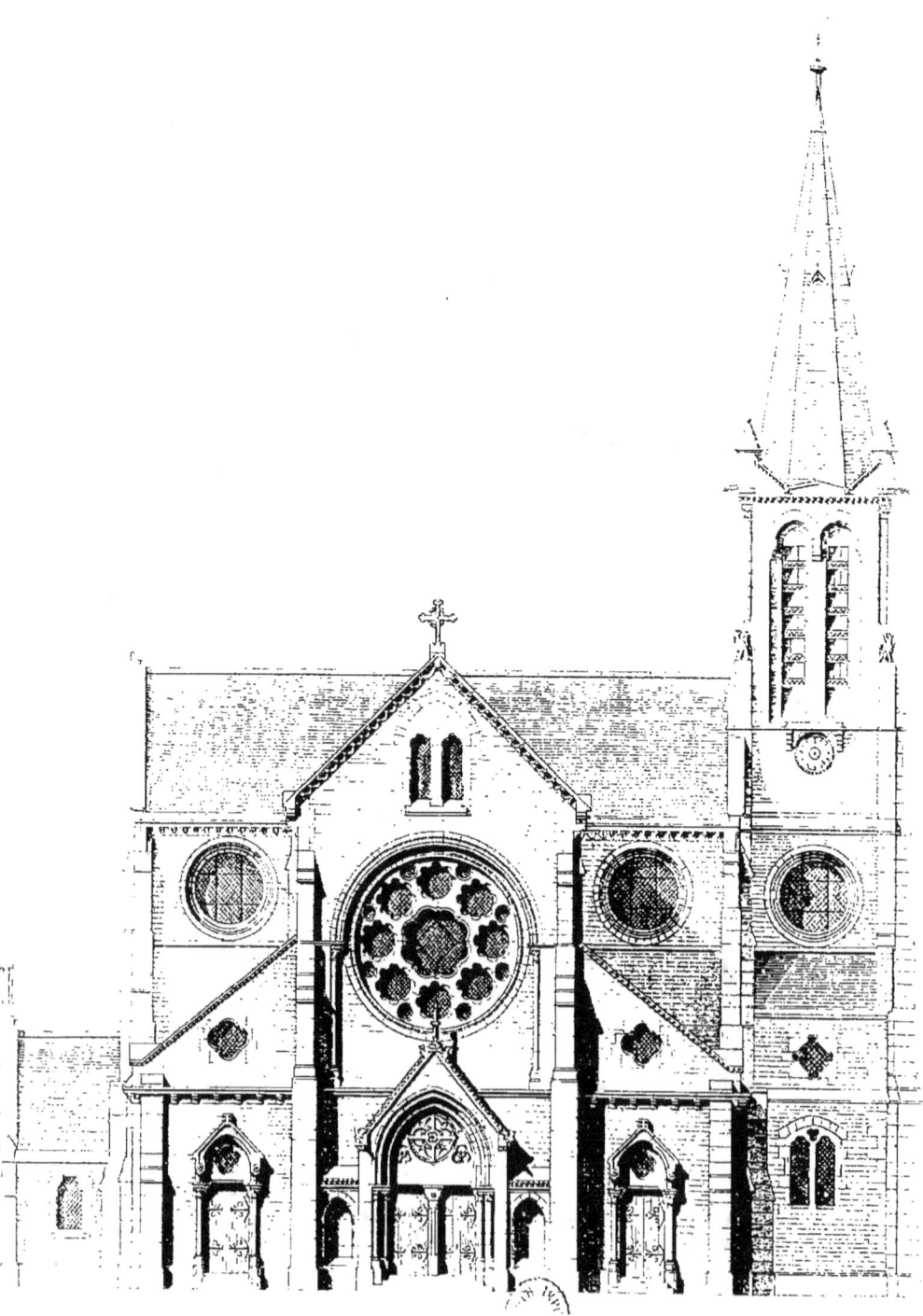

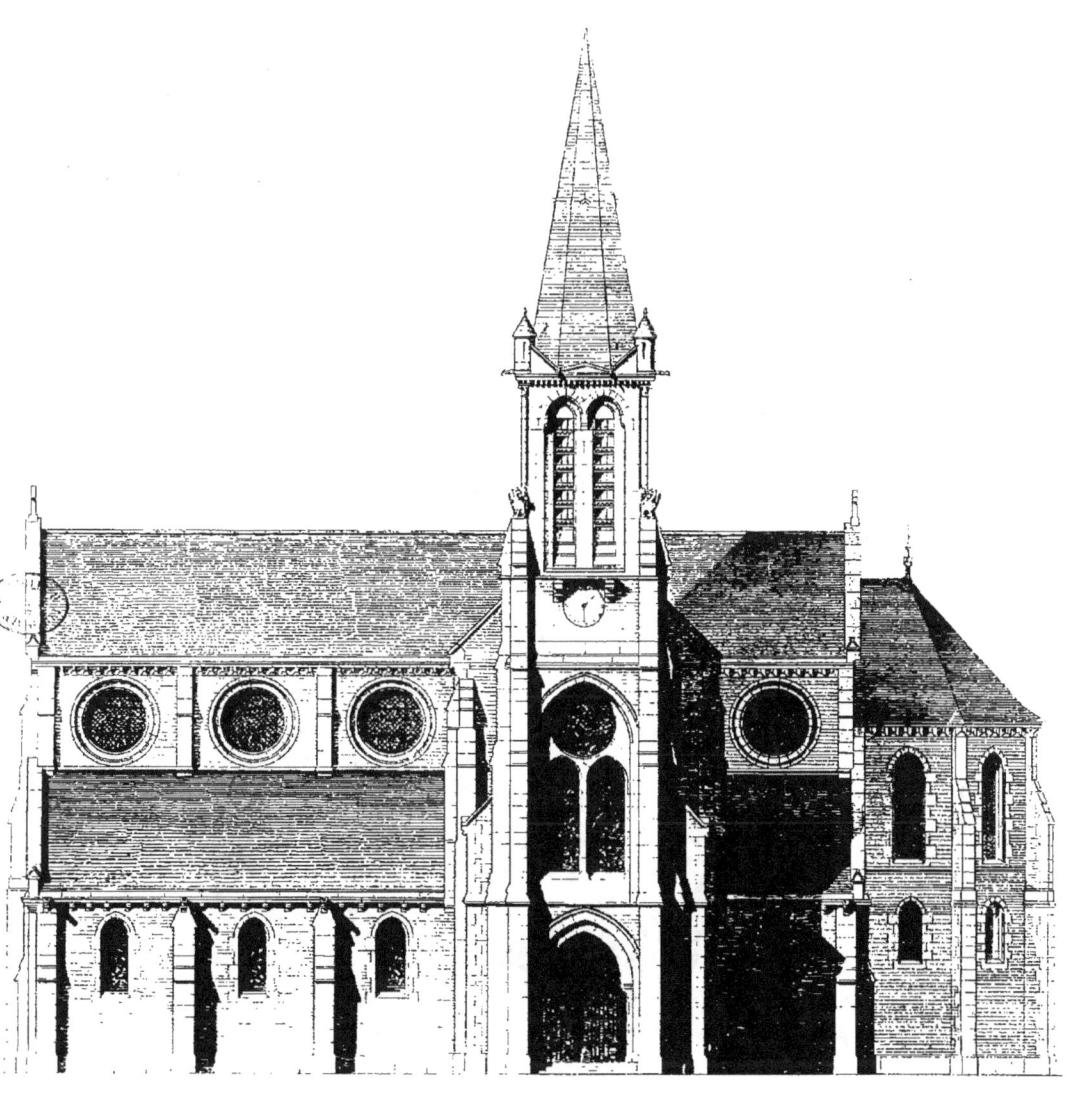

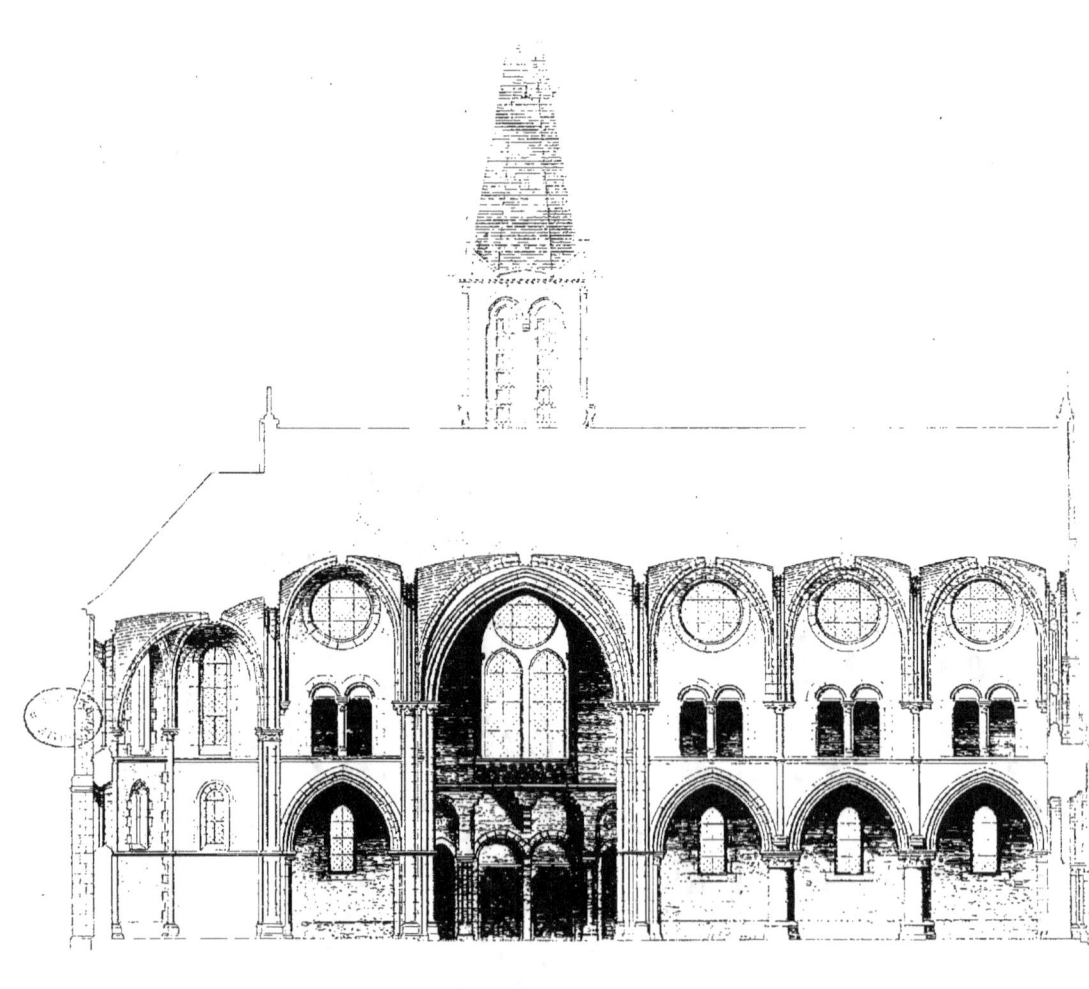

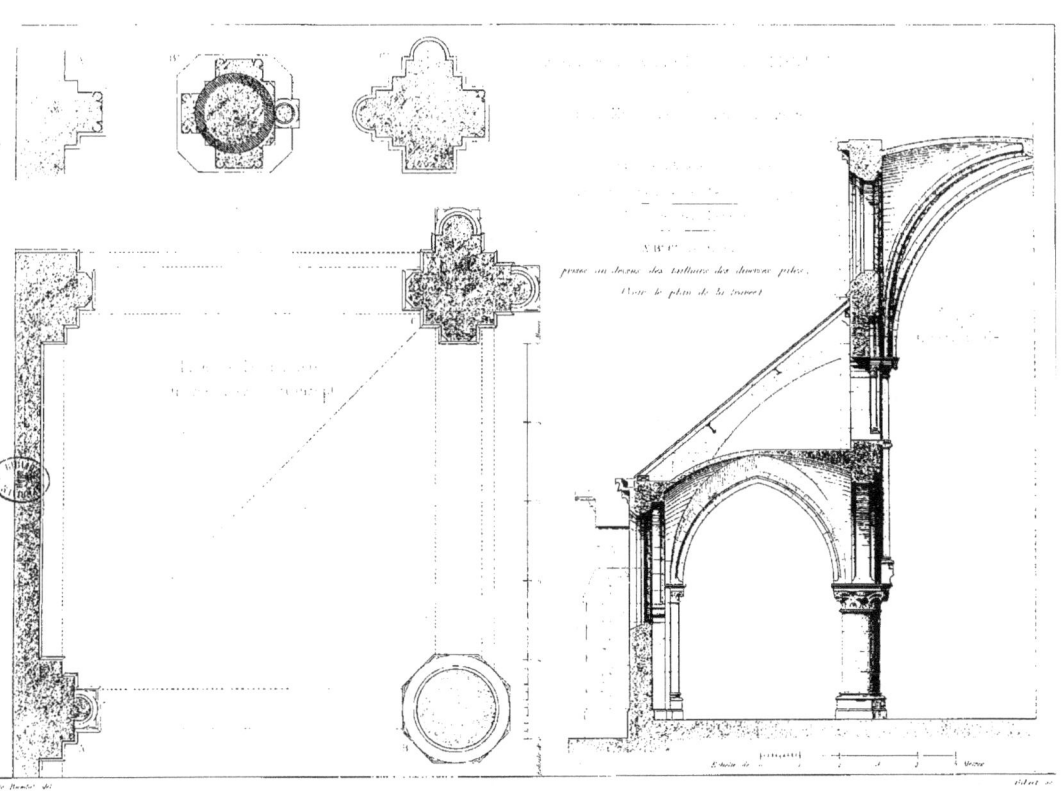

ÉGLISE

DE

BOIS-SAINTE-MARIE

(SAONE-ET-LOIRE)

L'église de Bois-Sainte-Marie appartient à l'école bourguignonne du xiie siècle.
Comme celle de Châteauneuf, publiée précédemment dans ce recueil, elle présente cette
particularité que la nef haute est voûtée par un simple berceau ogival sans le secours
d'arcs-boutants. La coupe transversale prise sur la nef fait comprendre le système
de construction adopté dans cette partie de l'église. Le berceau ogival est renforcé au
droit de chaque pile par un puissant arc-doubleau, dont la poussée, d'ailleurs très-
verticale par suite de la forme même de cet arc, est contrebutée par la portion de
maçonnerie élevée sur l'arc-doubleau correspondant du bas côté; cet étrésillon
n'est pas placé, à la vérité, directement au droit de l'action qu'exerce la poussée ;
mais grâce à l'épaisseur du mur, et surtout au peu d'élévation de l'édifice, il est
réellement d'un grand secours à l'arc-doubleau et empêche la pile de se déformer.
Quant à la poussée du berceau, construit, du reste, en matériaux légers et avec
une faible épaisseur de claveaux, elle est suffisamment maintenue par le mur gout-
terot, l'intervalle des piles, comme on peut le voir dans le plan, étant relativement
très-restreint. Ce système est fort simple, très-franc et surtout économique, malgré
la grande quantité de matériaux employés ; il est économique en ce sens qu'il n'exige
pas pour les points d'appui l'emploi de pierres dures de grand appareil, mais se prête,
au contraire, admirablement à l'emploi de petits matériaux, fussent-ils tendres, et qui
peuvent être mis en œuvre facilement et délités sans accidents. Quant à la disposition
des voûtes, elle ne présente aucune difficulté d'appareil, et évidemment peut être construite en matériaux quelconques avec peu d'épaisseur, et donne à l'édifice les conditions de durée les plus satisfaisantes. Ajoutons que ce parti ne laisse rien à désirer
sous le rapport artistique, et que les proportions du monument, qui ne sont que le résultat du système de construction, produisent à l'intérieur comme à l'extérieur le
plus charmant effet; la façade, à elle seule, est sous ce rapport pleine d'intérêt et
peut être considérée comme un petit chef-d'œuvre. Il est vrai de dire qu'à côté des

avantages que nous venons de signaler, ce parti, comme d'ailleurs celui adopté pour l'église de Châteauneuf, nécessite des piles d'une section considérable, et que par suite, il se prête fort peu aux exigences de la plupart de nos programmes modernes.

Le chœur de ce petit édifice est également conçu d'une façon très-heureuse : son plan présente une disposition fort originale ; chacune des piles, dont l'ensemble porte le mur supérieur du sanctuaire, se compose de quatre colonnes, dont deux, placées suivant le rayon correspondant, portent directement le mur circulaire, et les deux autres, plus faibles que les deux premières, et dont l'arc est situé sur la circonférence, portent les retombées des voûtes d'arête qui ferment le bas côté rayonnant autour du chœur ; la coupe longitudinale et celle transversale (planche 3) font comprendre la disposition d'ensemble, qui produit un effet monumental, malgré les petites dimensions de cette partie de l'église. Quant à la sacristie et à l'escalier qui conduit à l'étage supérieur du clocher, on les doit à M. Millet, architecte diocésain, qui, du reste, a restauré tout l'édifice, il y a quelques années

Cette sacristie, dont le détail est donné (planche 3), a été disposée d'une façon très-ingénieuse : traitée avec une extrême simplicité, mais pleine de caractère, elle complète très-heureusement l'église de Bois-Sainte-Marie. Afin de donner une idée du mode d'emploi des matériaux, ainsi que du caractère des profils et de la décoration sculpturale de cet édifice, nous avons reproduit (planche 5) le détail de la fenêtre haute appartenant à la façade et celui du couronnement de l'escalier. On voit en plan et en coupe comment la pierre est débitée de façon à éviter toute perte de matière, et comment l'ornementation est d'accord avec la construction des membres qu'elle décore.

Cube et superficie des matériaux pour une travée dans la nef.

Pierre de taille.	59^m,864
Moellon piqué	24^m,356
Moellon suillé	20^m,680
Dallage.	51^m,00
Couverture en tuiles creuses posant directement sur la voute.	64^m,60

IMPRIMERIE L. TOINON ET Cⁱᵉ, A SAINT-GERMAIN.

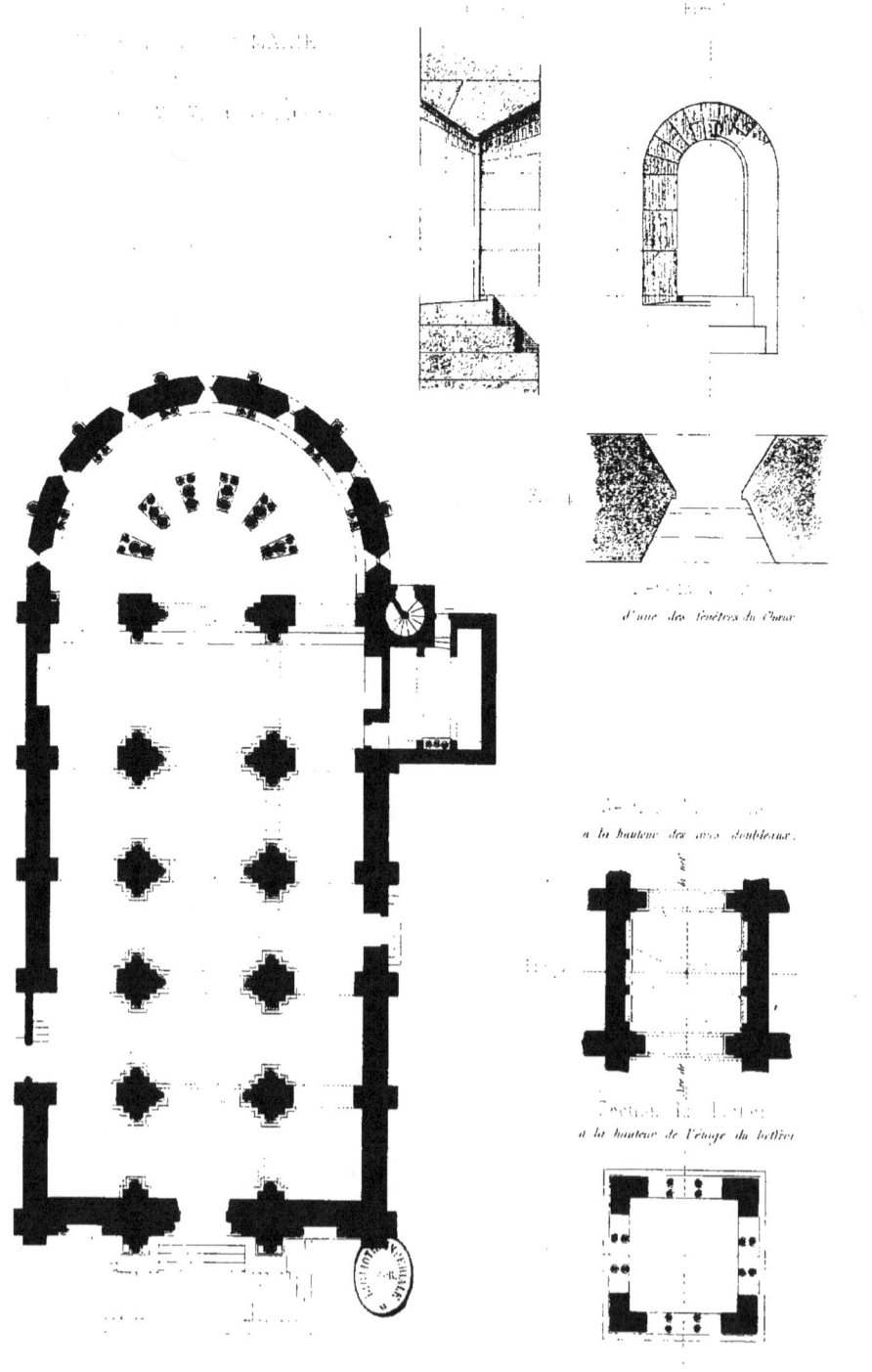

d'une des fenêtres du Chœur

à la hauteur des arcs doubleaux.

à la hauteur de l'étage du beffroi

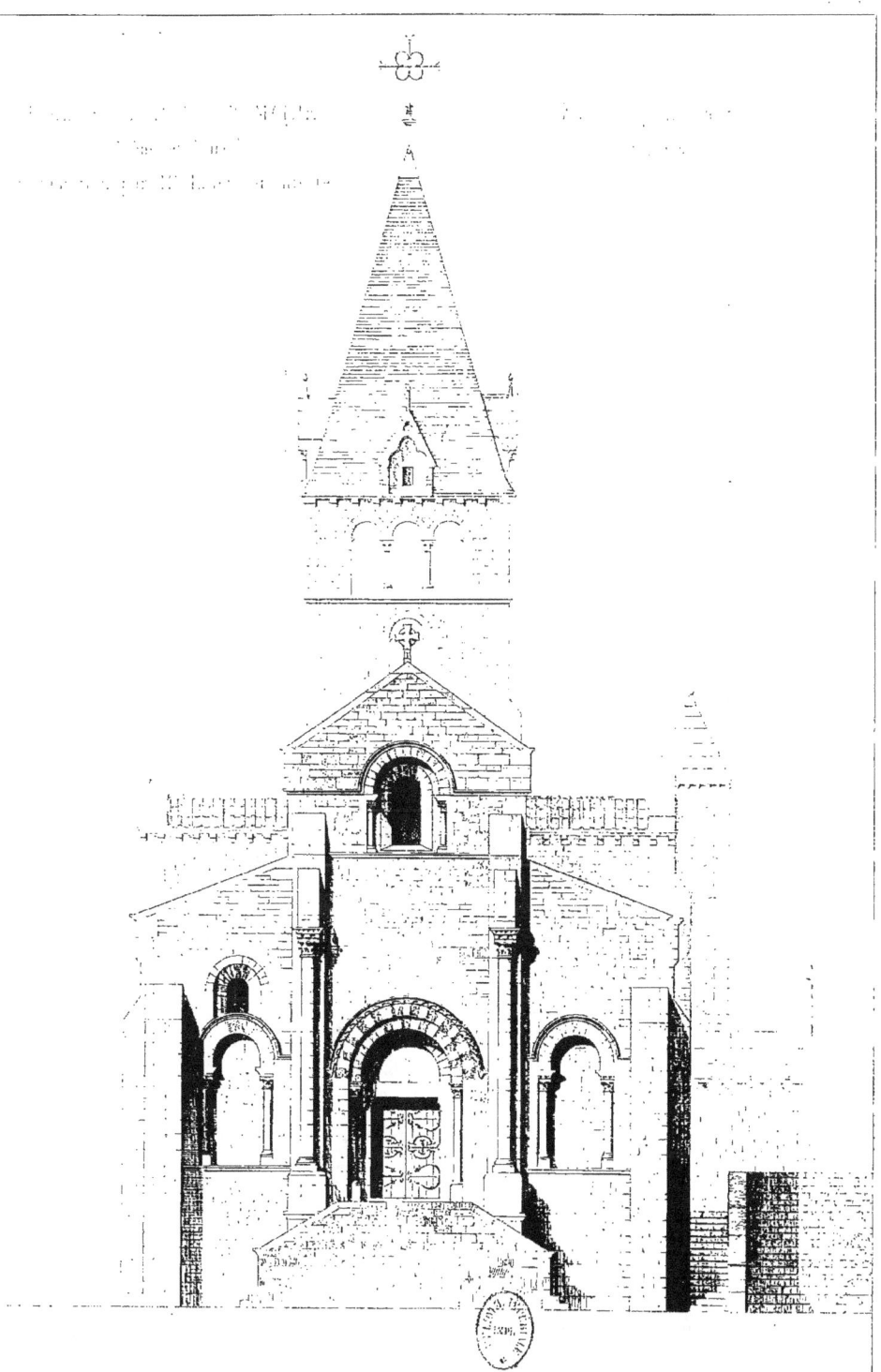

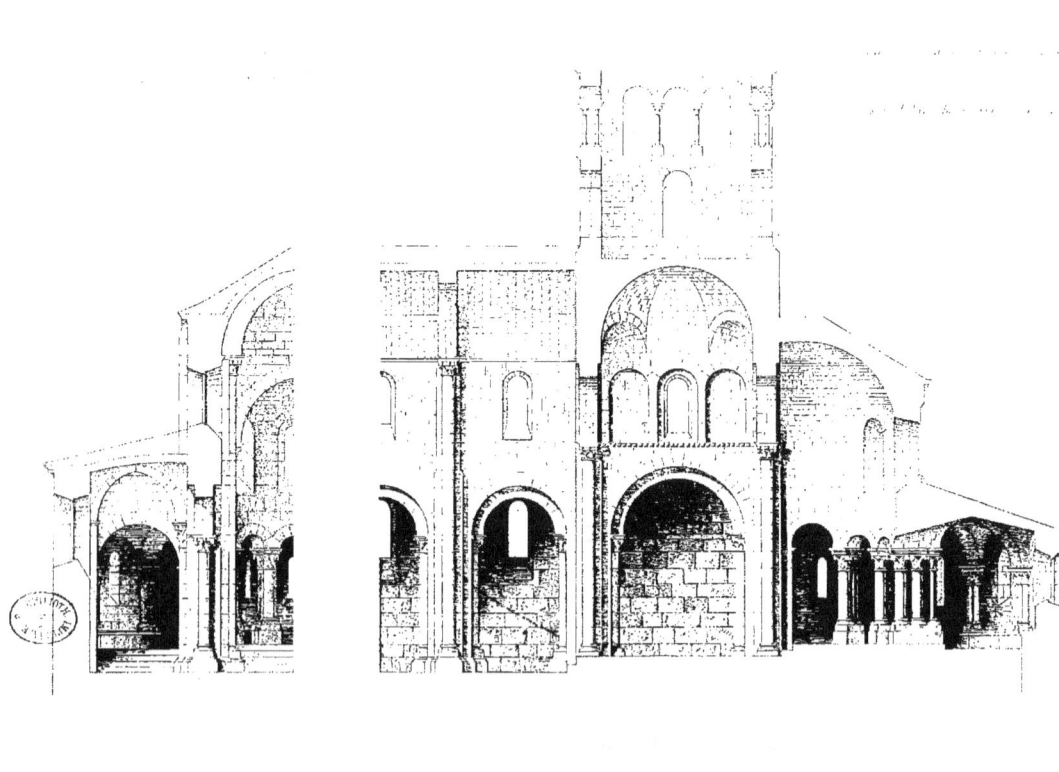

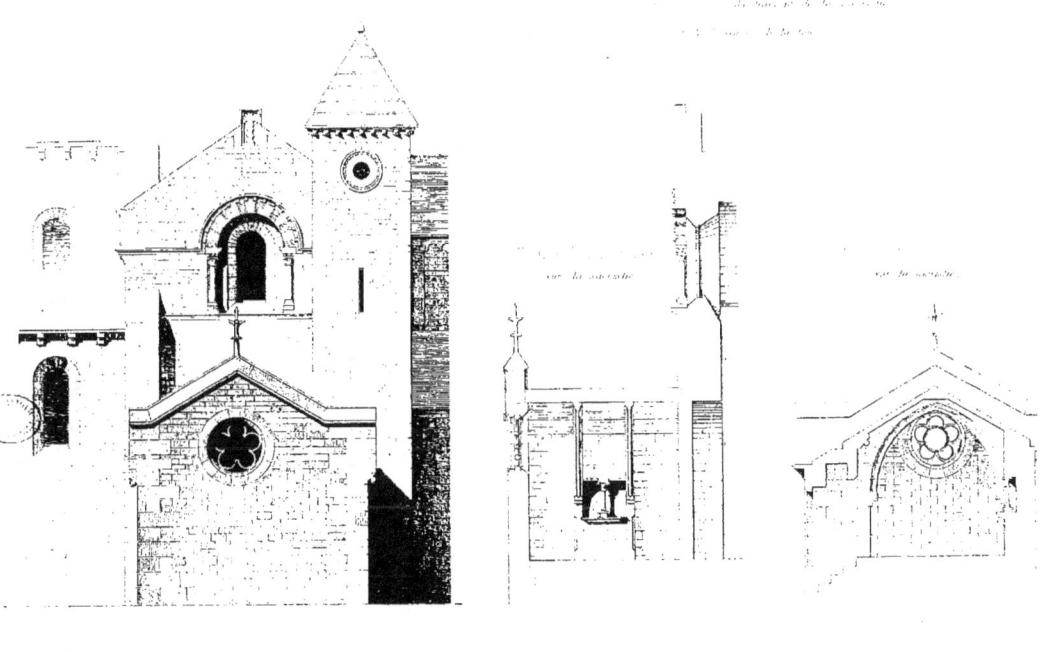

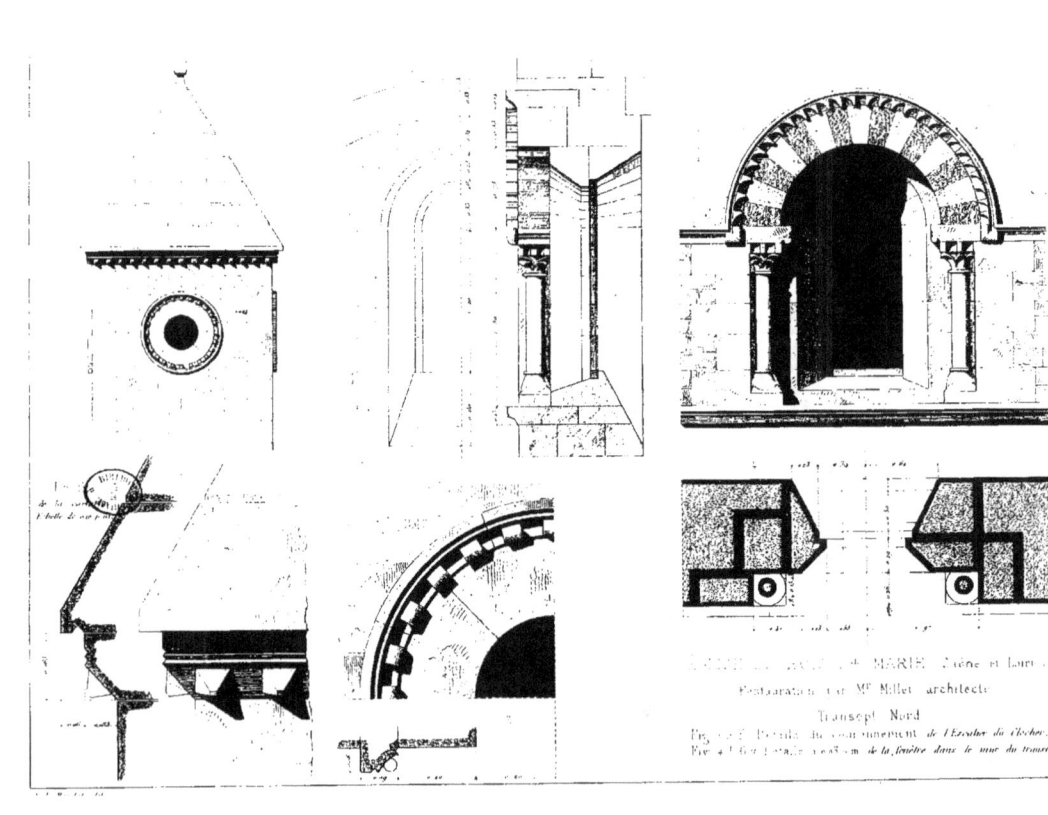

EGLISE DE SAINTE MARIE (Eure et Loir)

Restauration par Mr Millet architecte

Transept Nord

Fig. 3 et 1 Detail du couronnement de l'Escalier du clocher.
Fig. 4 et 5 du tympan exterieur de la fenêtre dans le mur du transept

CHAPELLE

DES SŒURS DE LA PROVIDENCE

A TROYES (Aube)

[10]

Cette chapelle, construite pour une communauté, se rattache à un ensemble de bâtiments dont la disposition générale est figurée dans le plan d'ensemble (pl. 1). Elle se compose d'une seule nef et de deux transepts renfermant chacun une tribune; l'une d'elles est mise directement en communication avec le premier étage du couvent, on accède à l'autre par un petit escalier circulaire qui conduit également au sol de la chaire à prêcher. Une troisième tribune, située à l'entrée, occupe la largeur de la première travée et communique avec le pavillon qui donne sur la voie publique; on voit sur la façade principale la porte de communication au niveau du premier étage. Le bâtiment dont il s'agit est relié aux sacristies par un portique ouvert, latéralement à la chapelle, à travers les contre-forts.

Ce petit édifice est entièrement voûté; les travées de la nef, celles du chœur et des transepts sont tracées sur plan barlong, la croisée est voûtée sur plan carré. Les voûtes sont construites suivant le principe gothique, mais dépourvues de formerets; ceux-ci étant inutiles, vu l'épaisseur des murs et les dimensions restreintes des travées. On voit (planche I) en plan le rabattement des divers arcs qui composent la voûte de la croisée et en coupe (planche III) la retombée des arcs doubleaux et des arcs ogives. Ces retombées se font sur des culs-de-lampe dont le détail est donné (même planche); ce parti convient admirablement à un édifice de petite dimension; d'abord il est économique, de plus il ne gêne pas la circulation, grâce à l'absence complète de saillies dans les parties basses; ensuite, au point de vue de l'aspect, il a l'avantage de donner à l'intérieur une échelle plus grande que celui-ci n'aurait certes pas, si les voûtes étaient portées sur des colonnettes montant de fonds, dont le nombre devrait être restreint et le diamètre fort petit pour qu'il y ait harmonie entre ces colonnettes et l'épaisseur des arcs.

La chapelle des Sœurs de la Providence est, au point de vue de l'étude des détails et de l'ensemble comme sous le rapport de la construction et de l'appareil, un exemple que nous n'hésitons pas à présenter comme très-remarquable; aussi avons-nous fait de cette monographie l'objet de deux livraisons, afin de pouvoir multiplier les détails et donner une idée exacte du soin et de l'habileté apportés dans l'étude de ce petit édifice.

La disposition du chœur est très-intéressante et fait voir quel parti on peut tirer d'une abside rectangulaire; l'architecte a très-heureusement combiné le maître-autel avec les ouvertures du chevet et le passage conservé dans l'épaisseur du mur (voir planche IX). Nous signalerons également la façon heureuse et nouvelle dont la chaire à prêcher a été traitée (planche VII); ces différents motifs, conçus pour la place qu'ils occupent, bien étudiés en raison de leur destination, contribuent singulièrement à donner à l'intérieur de la chapelle un caractère monumental.

On trouvera également sur nos planches les détails nécessaires pour faire comprendre les parties extérieures les plus intéressantes, entre autres : la disposition des chéneaux en pierre et la combinaison des diverses gargouilles, l'encorbellement de la porte principale, l'appareil des rampants et amortissements des pignons, et enfin le petit clocheton qui, placé sur l'un des contre-forts du transept de gauche, contient et abrite une cloche. La construction est exécutée en pierre d'appareil dure et tendre et en moellons; l'appareil indiqué scrupuleusement sur les dessins ainsi que le devis descriptif donné ci-contre permettent de se rendre compte de l'emploi raisonné et judicieux de ces matériaux.

ERRATUM (Église de Bois Sainte-Marie)

19e ligne, lisez : débitées, au lieu de délitées.

20e ligne, au lieu de : et évidement, lisez : une telle voûte.

Dans cette même livraison nous avons omis d'indiquer (planche 4) la couverture en tuile creuse qui recouvre le dallage de la sacristie. Ces tuiles sont posées directement sur les dalles et occupent l'intervalle laissé entre celles-ci et le dessous du filet qui couronne le pignon.

DEVIS

	QUANTITÉS	PRIX	SOMMES
	m c	f c	f. c.
Fouilles 225ᵐ,00 × 2ᵐ,00 de hauteur......................	450 00	1 25	562 00

MAÇONNERIE

	QUANTITÉS	PRIX	SOMMES
Construction des maçonneries de fondation en moellons hourdés en mortier de sable de rivière et chaux hydraulique..........	430 390	24 00	3.438 49
Maçonnerie en pierre d'appareil hourdée en mortier de chaux grasse, en y comprenant taille des lits et joints, taille des parements, évidements, refouillements, moulures simples, etc., employée pour contre-forts, encoignures, croisées, arcs, colonnettes, etc.			
Pierre dure...	83 404	140 00	11.676 56
Pierre franche...	64 652	100 00	6.456 20
Plus-value pour taille des moulures........................	316 30	5 00	2.381 50
Construction des quatre gros arcs doubleaux à la rencontre de la nef et des transepts, en y comprenant la pierre, la taille des parements et moulures, la pose, le mortier et la fourniture des cintres en charpente, l'un des arcs d'une longueur de 12ᵐ,00			
3 semblables 36ᵐ,00			
48ᵐ,00..	48 00	22 00	1.056 00
Constructions des arêtiers en pierre franche et tout compris comme ci-dessus, d'une longueur totale de..	180 00	15 00	2.700 00
Construction des marches de l'escalier, y compris la colonne supérieure et la balustrade.............................	»	»	4.040 00
Maçonnerie en moellons taillés pour assises ou arcs, en y comprenant toute taille, façon chaux grasse ou hydraulique............ ...	88 168	50 00	4.408 40
Constructions des murs en moellons hourdés en mortier de chaux et sable, jointoiement extérieur et enduits à l'intérieur	507 744	19 50	9.900 42
Plus-value pour emploi de chaux hydraulique dans toutes les maçonneries jusqu'à 2 mètres de hauteur. — Surface en plan, 65 × 2ᵐ,00...	131 200	3 00	393 90
Construction de voûtes de 0,25 d'épaisseur en moellons, en y comprenant mortier, façon, cintres ou règles en charpente, l'enduit à l'intrados et la chape au-dessus	255 15	12 00	3.061 80
Dallage partie en pierre, partie en mastic d'asphalte naturel.......	»	»	1.769 00
Augets cintrés en plâtre pour les planchers des tribunes..........	»	»	115 68

CHARPENTE

	QUANTITÉS	PRIX	SOMMES
Planchers des tribunes (chêne refait et mouluré)..	4 360	150 00	654 00
Planches d'entrevoux en chêne.............................	42 84	9 00	385 56
Charpente des combles en bois de chêne de 1ʳᵉ qualité...........	47 590	100 00	4.759 00
1 plancher de madriers de chêne pour la circulation dans le comble..	28 00	8 00	224 00
Barres et tasseaux destinés à maintenir le plancher..............	25 00	1 40	35 00

COUVERTURE

	QUANTITÉS	PRIX	SOMMES
	m. c.	f c.	f c.
Couverture en ardoises fortes d'Angers sur voliges jointives de peuplier, compris toutes façons et fournitures.................	354 80	6 00	2.440 80
4 noues en plomb de 0,002m d'épaisseur.......................	945 00	4 10	4.039 50
Faîtage en plomb.....	462 500	4 10	508 75

SCULPTURE

Les 2 chapiteaux et les griffes des bases de la porte principale.....	»	»	440 00
Les 2 gros chapiteaux des tribunes et les huit griffes des bases.....	»	»	290 00
Les 4 chapiteaux des angles des transepts....................	»	»	160 00
Le chapiteau de la chaire et les griffes.......................	»	»	60 00
Les 4 chapiteaux au fond de l'abside et les griffes des bases.......	»	»	460 00
2 bouquets de pignons et les 7 clefs de voûtes.................	»	»	520 00

MENUISERIE

Plancher (en chêne de 0,034m d'épaisseur) du chœur et du sanctuaire...	»	»	703 90
4 croisées des tribunes	»	»	30 60
Bâtis des croisées à vitraux..................................	48 00	1 60	76 80
Les portes intérieures et extérieures en beau chêne de 0,034m d'épaisseur	16 00	11 00	476 00
Parquet des tribunes (chêne à l'anglaise).....................	57 84	10 00	578 40

SERRURERIE

Ferrure des croisées des tribunes.....	»	»	24 00
Fers à vitraux de 0,03 × 0,015 avec pannetons	208 00	1 30	262 00
Pentures en fer forgé (8 portes)....	»	»	450 00
Pattes pour maintenir les bâtis.............................	»	»	84 00
Gros fers pour plates-bandes, étriers, boulons, etc.	230 00	0 80	200 00
Gougeons en cuivre de 0,010 de diamètre pour maintenir les colonnettes.	»	»	40 00

RÉCAPITULATION

Fouilles et maçonnerie...............................	»	»	48.243 65
Charpente..	»	»	3.057 36
Couverture........	»	»	3.659 05
Sculpture..	»	»	1.600 00
Menuiserie..	»	»	4.585 70
Serrurerie	»	»	1.060 40
TOTAL... . . .	»	»	59.206 30
Imprévu 1/10	»	»	5.920 63
TOTAL..	»	»	65.126 93
Mobilier......	»	»	4.080 00
TOTAL............	»	»	69.206 93
Honoraires de l'architecte à 5 0/0	»	»	3.460 30
TOTAL GÉNÉRAL	»	»	72.667 23

IMPRIMERIE L. TOINON ET Cᵉ, A SAINT-GERMAIN.

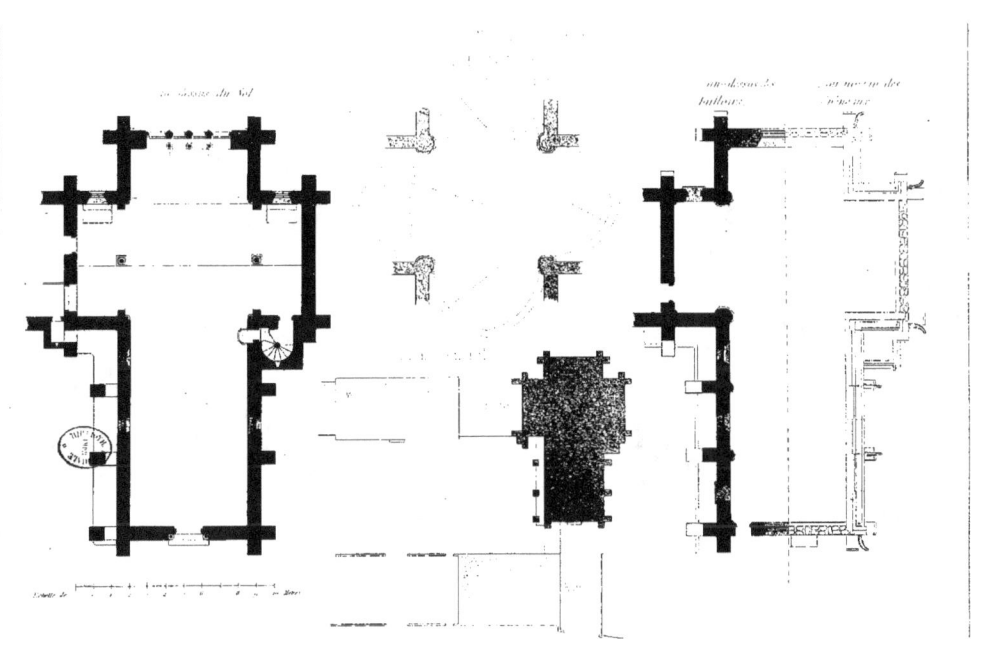

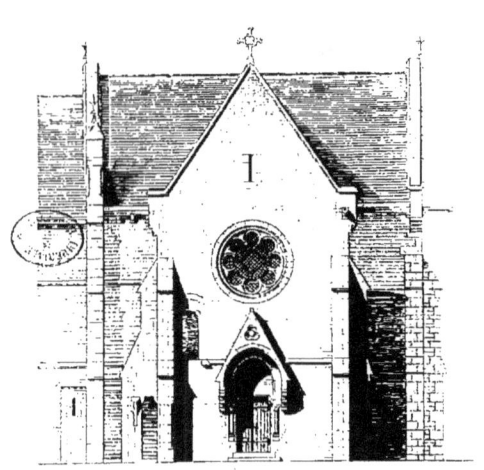 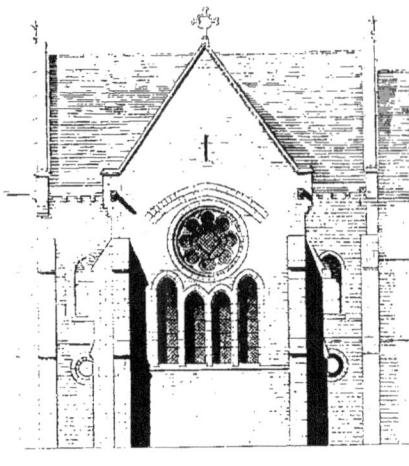

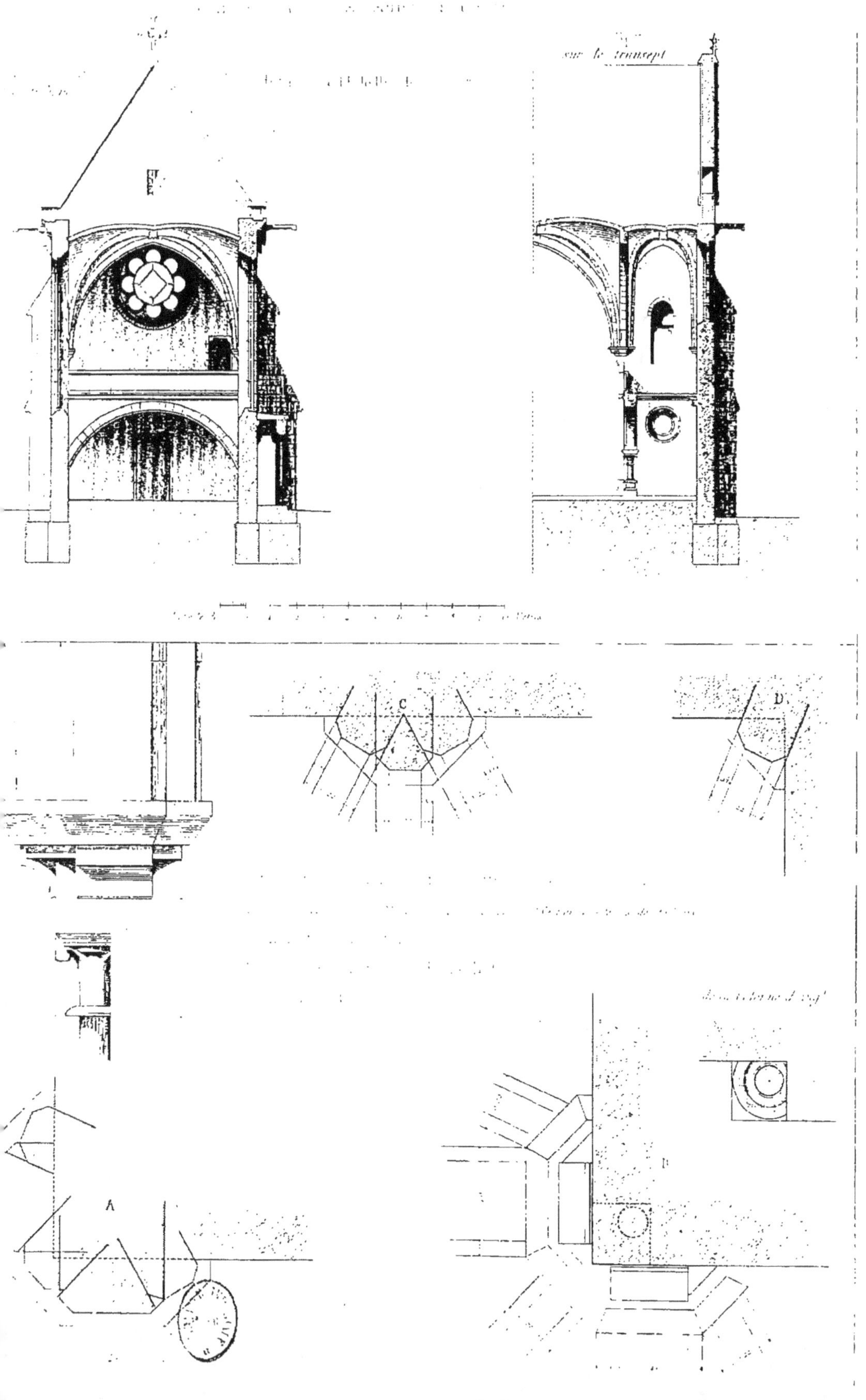

sur le transept
C
D
A

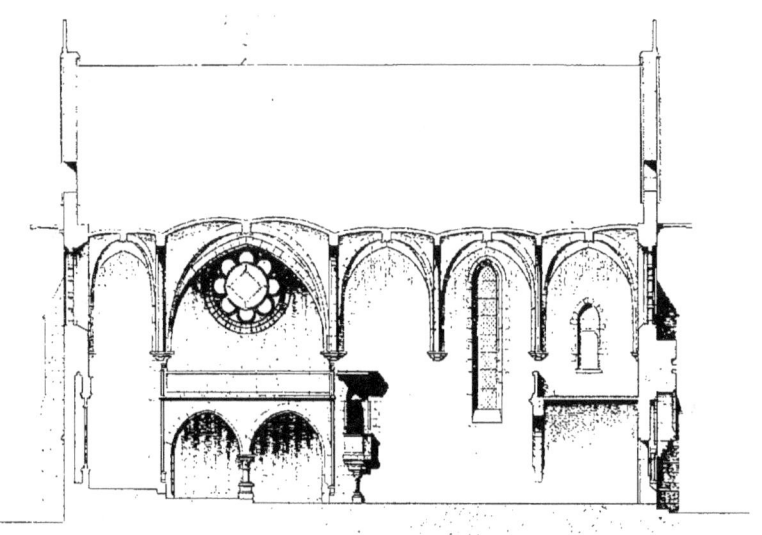

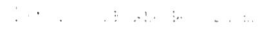

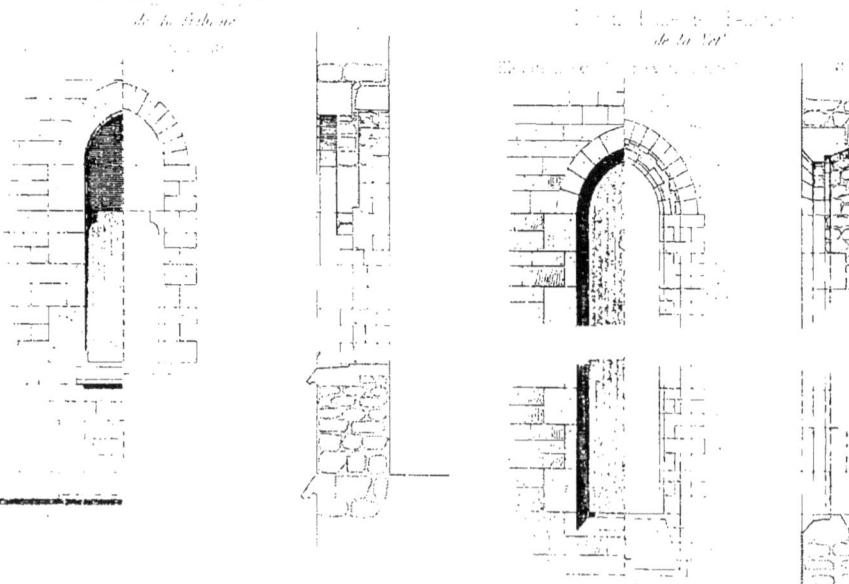

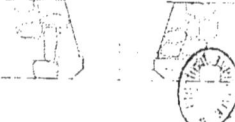

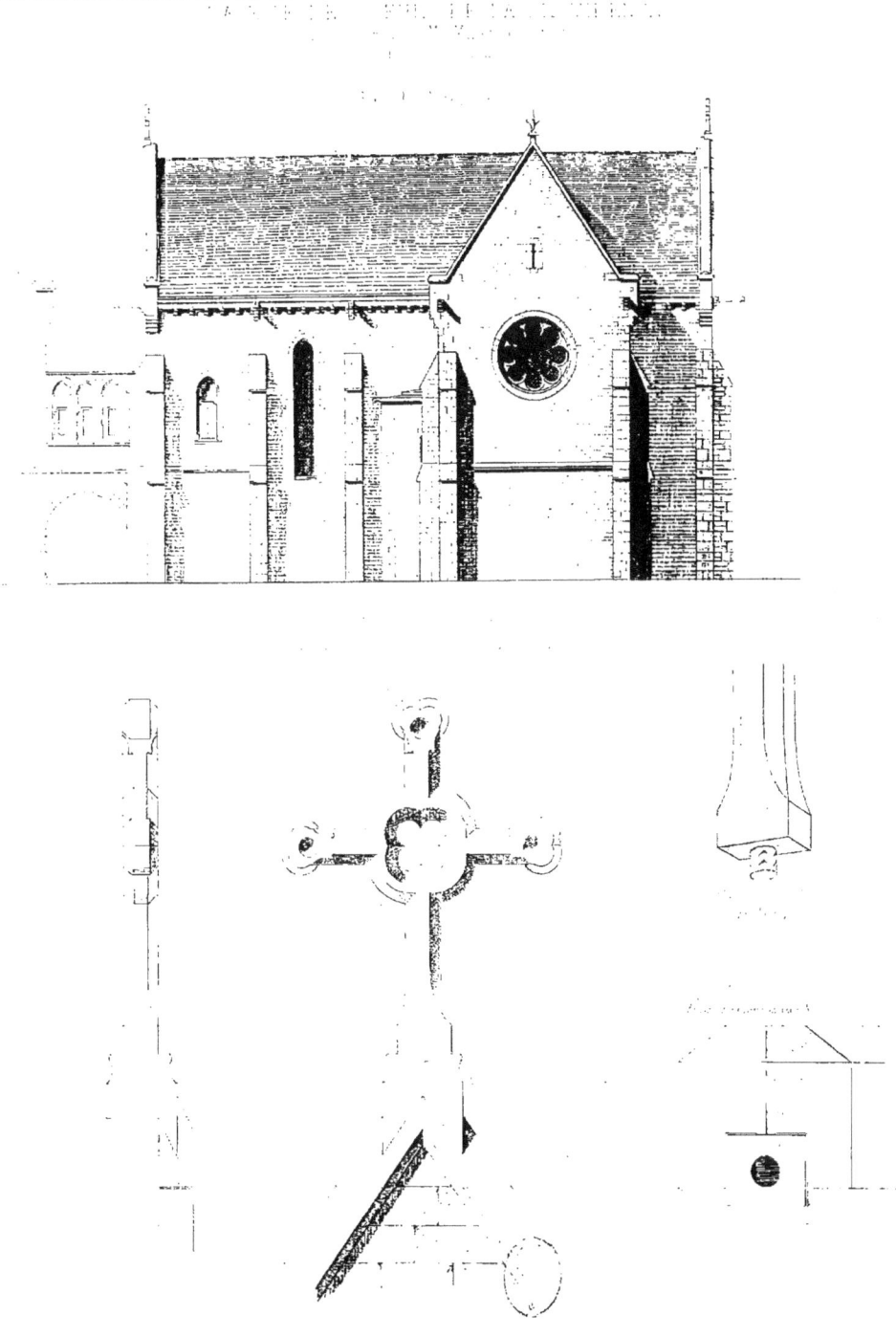

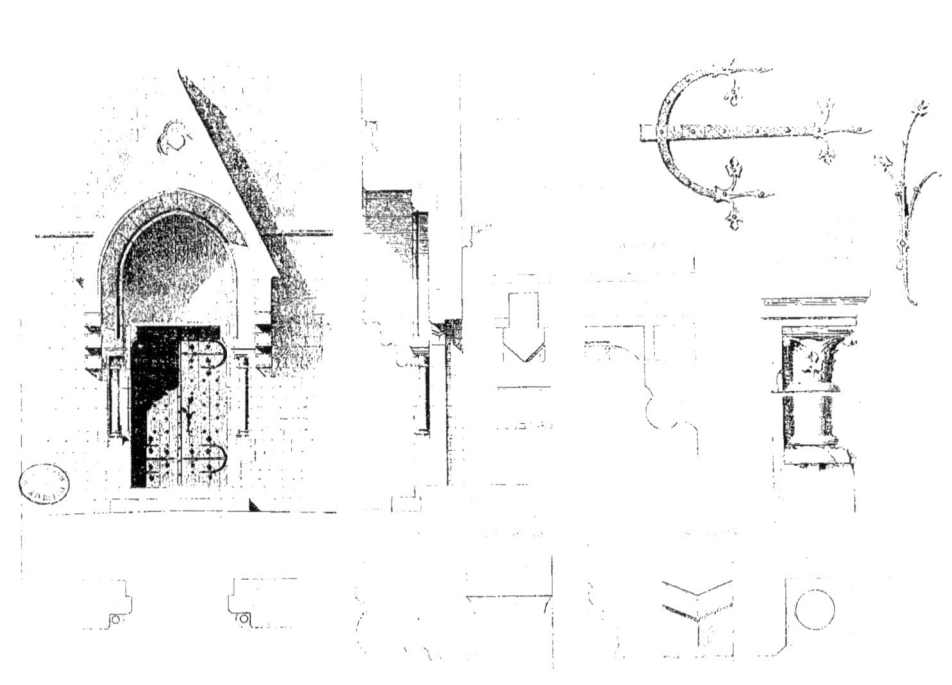

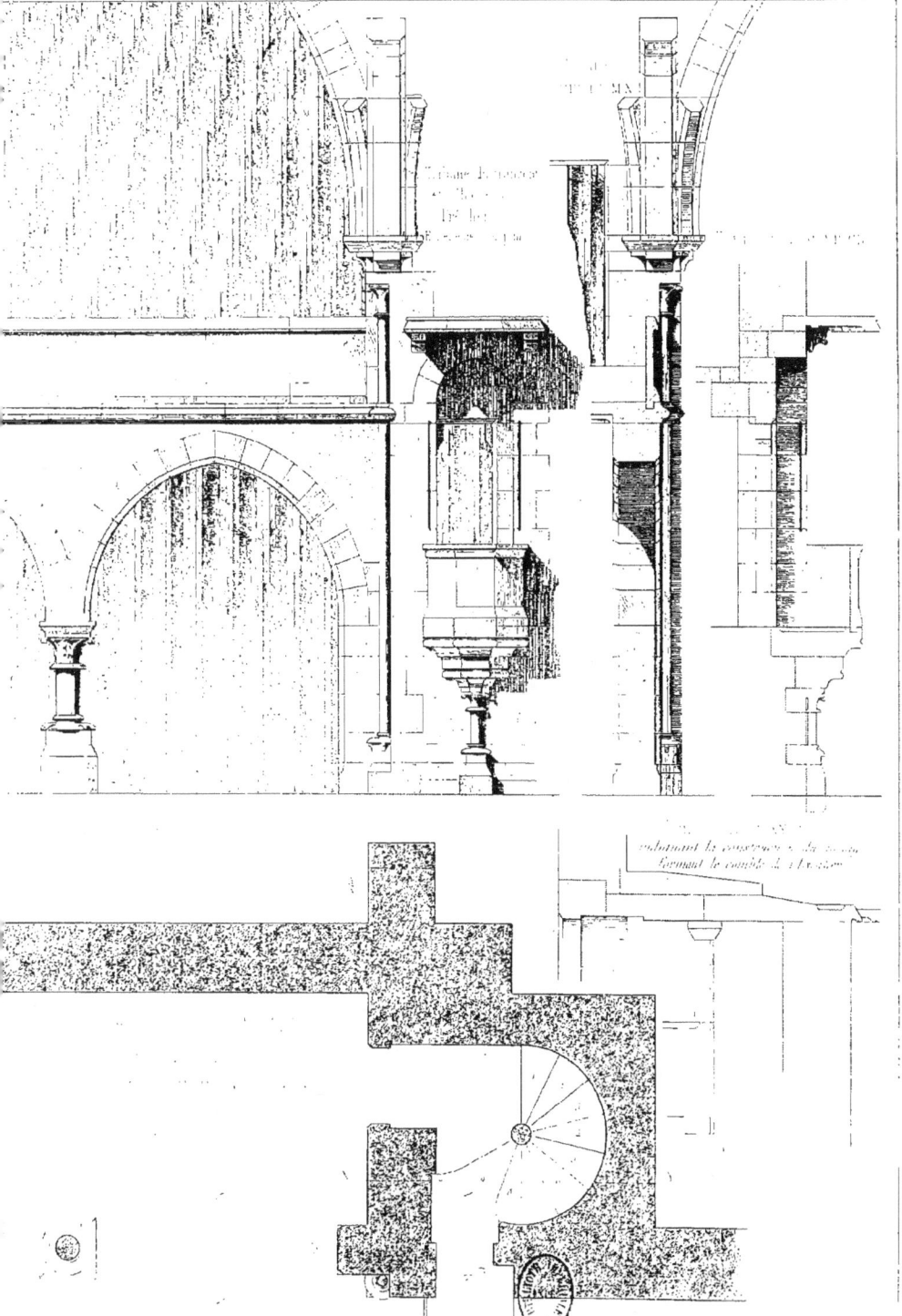

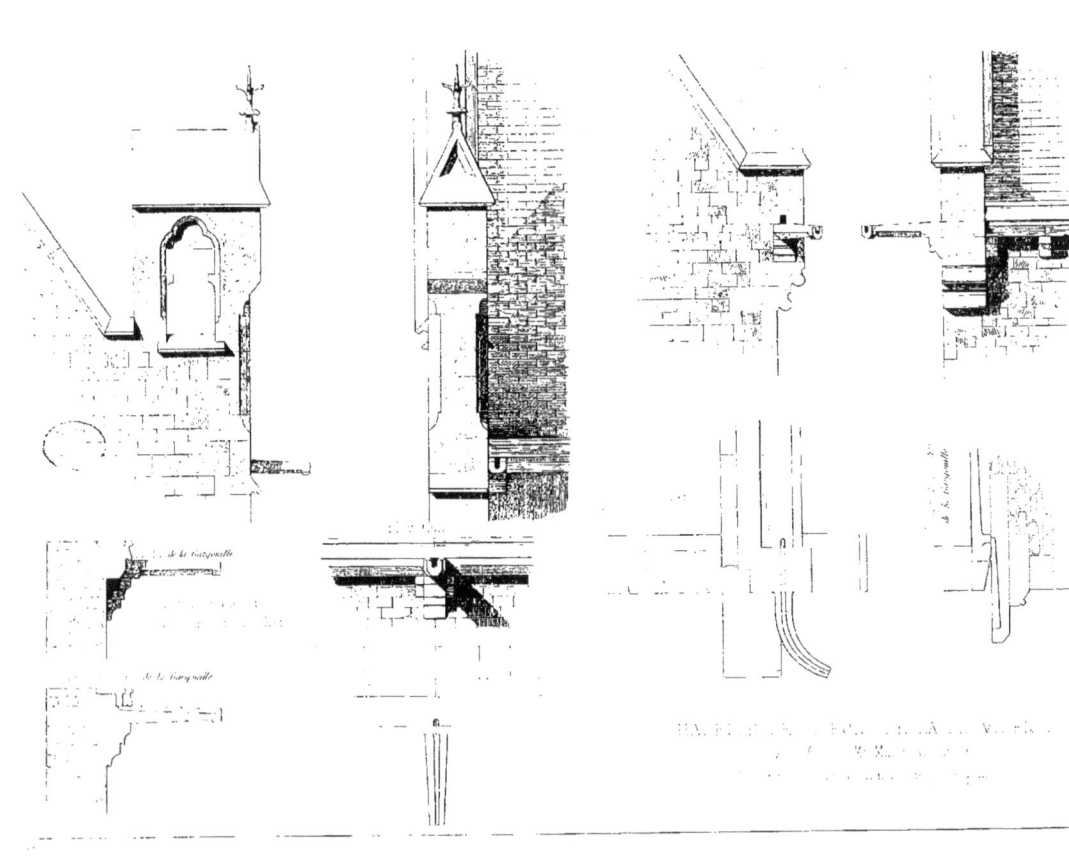

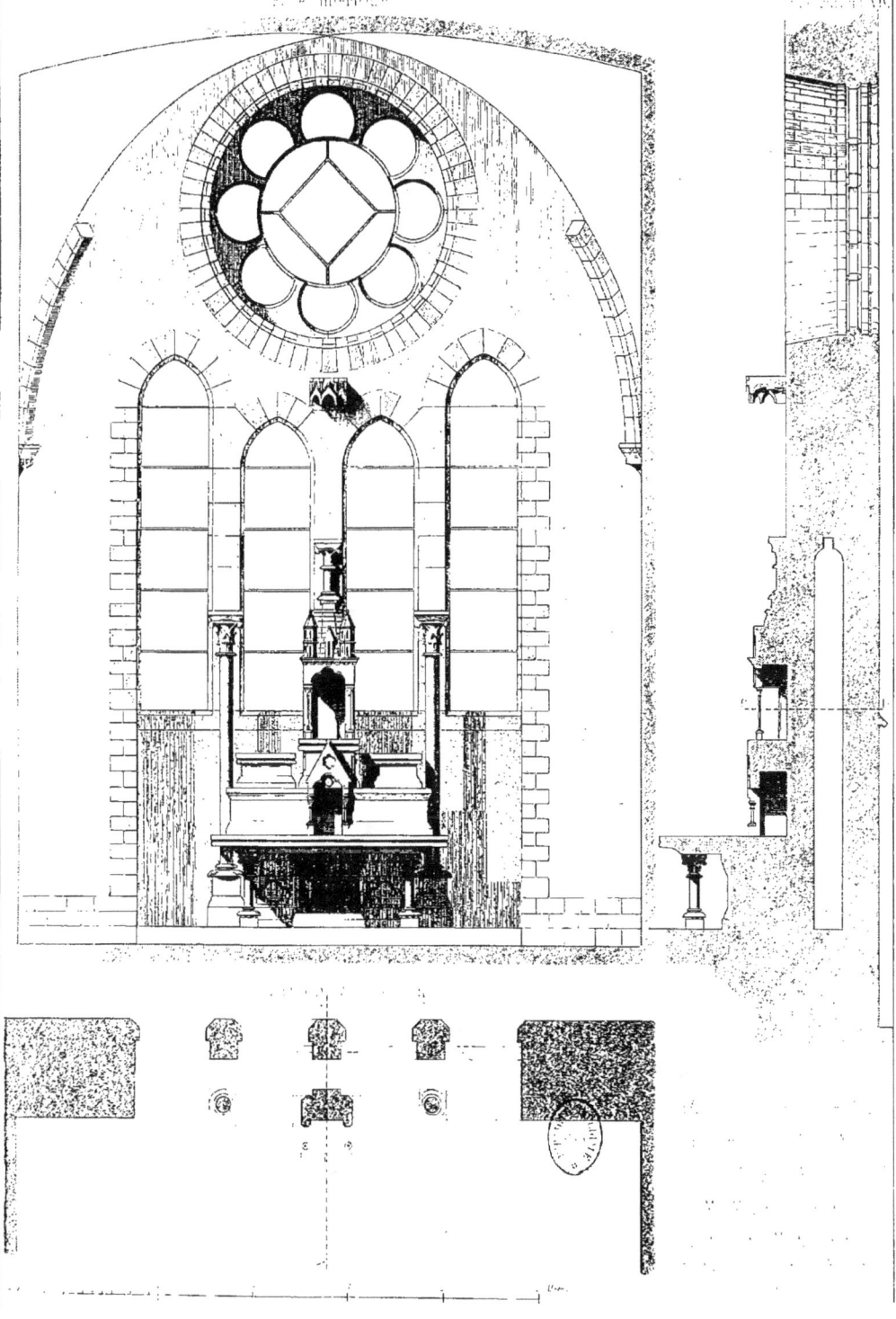

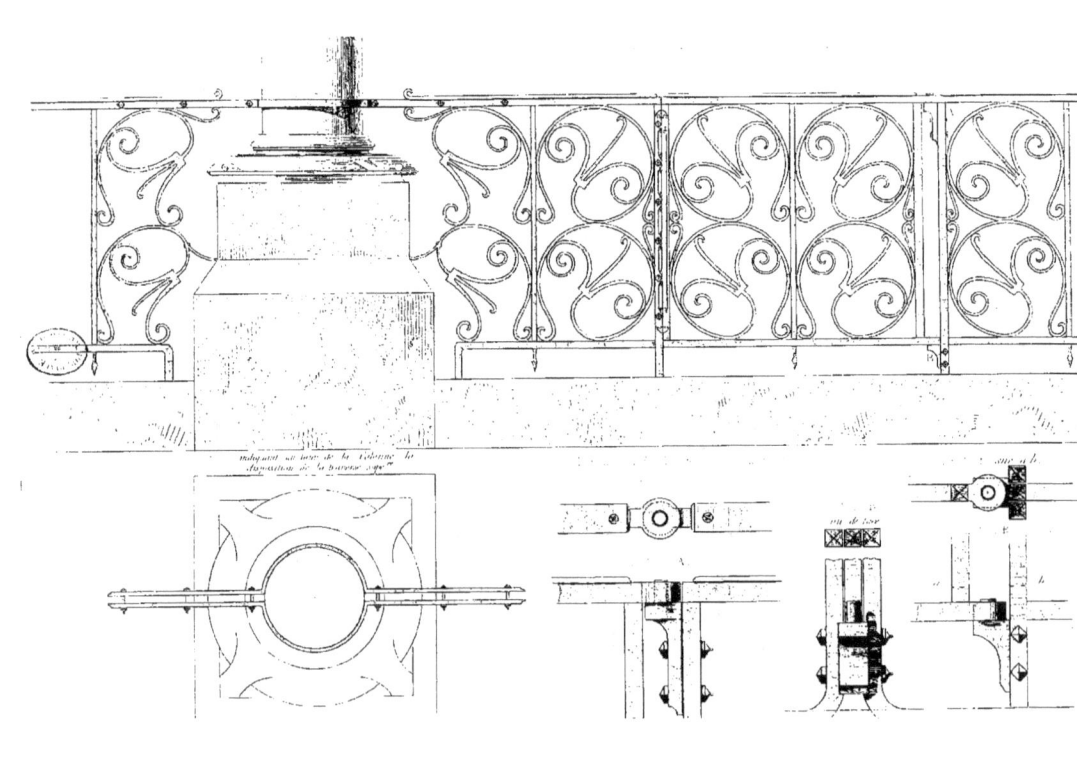

ÉGLISE DE VALEYRAC

(1)

On admet assez généralement, et avec raison, lorsqu'il s'agit d'église possédant trois nefs, que la principale doit être éclairée directement par des jours pris au-dessus des combles des collatéraux, non pas tant pour augmenter la quantité de lumière indispensable aux fidèles que pour répandre sur la voûte ou sur le plafond une clarté nécessaire à l'effet. Néanmoins il existe bien des édifices religieux d'une importance secondaire, dans lesquels, malgré l'absence de ces jours, les parties supé-rieures sont suffisamment éclairées et dont l'aspect général est très-satisfaisant. Il est vrai de dire qu'alors l'église est courte et qu'elle profite, au centre, de la lumière que donnent les ouvertures pratiquées, soit à l'abside, soit sur la façade. Ce parti qui consiste à élever une église dans ces conditions, sur un plan ramassé et se déve-loppant en largeur, est très-simple et présente au point de vue de l'économie, dans la construction, de très-grands avantages. On comprend en effet que, du moment où la nef centrale ne s'élève au-dessus des collatéraux que de la hauteur nécessaire à la voûte sans qu'il soit laissé d'intervalle entre la naissance de celle-ci et le faîtage des bas côtés, les moyens employés pour contrebuter les voûtes centrales deviennent très-simples et par conséquent peu dispendieux.

Dans l'église de Valeyrac, l'architecte a adopté ce parti et a obtenu un excellent résultat. Relativement à son étendue dans le sens longitudinal, le plan (planche 1) présente une assez grande largeur, il ne renferme pour la nef que cinq travées, dont la dimension pour chacune, d'axe en axe, est de quatre mètres. Des jours sont pris seu-lement sur les faces latérales des bas côtés, mais l'abside polygonale est largement éclairée par les ouvertures pratiquées sur chacune de ses faces; de plus, trois grandes baies sont ouvertes sur les trois côtés dégagés du clocher. Les nefs sont voûtées chacune en plein cintre, les berceaux des bas côtés contrebutant la voûte principale; au droit des points d'appui sont placés des arcs doubleaux renforçant les remplissages. La pl. 4, qui donne la coupe transversale, faite suivant l'axe d'une travée, indique le système de construction adopté. On voit sous les combles des bas côtés l'indication, en traits ponctués, d'un petit berceau continu sur lequel est posée directement la couverture en tuile; cette disposition a permis de diminuer sensiblement le volume et par suite le poids du massif portant sur les voûtes des collatéraux, sans que pour cela la voûte centrale fût moins bien contrebutée. La couverture du grand comble est complète-ment indépendante de la voûte, elle est posée sur une charpente dont la portée est diminuée au moyen d'encorbellements en maçonnerie s'appuyant sur les reins de la voûte. Nous ferons remarquer sur le plan et la coupe longitudinale (planche 3), la disposition de la tribune qui, indépendamment de la superficie qu'elle occupe au-dessus du porche, s'étend à l'intérieur de toute l'étendue de la première travée de la nef principale. Dans les deux travées correspondantes des collatéraux sont placé : d'un côté, l'escalier qui conduit au sol de la tribune, et de l'autre, la chapelle des fonts baptismaux. Ce parti a peut-être l'inconvénient de surbaisser sur une assez grande longueur la partie antérieure de l'église, mais il permet un développement de tribune qui n'est pas inutile et répond par là à une exigence dont trop souvent on fait bon marché. Nous ne pourrions louer de même la disposition de l'escalier qui n'est pas accusé d'une façon assez spéciale. L'église de Valeyrac est élevée dans une localité où les matériaux sont très-peu coûteux; aussi, relativement à son importance, est-elle construite avec un certain luxe et presque entièrement en pierre de taille. C'est grâce également au prix minime des matériaux que le clocher a pu être élevé à une hauteur relativement très-considérable; l'architecte a profité de cette heu-reuse circonstance pour donner en élévation à ce clocher une importance à laquelle on regrette généralement d'être contraint de renoncer par motif d'économie.

IMP. L. TOINON ET Cie. A SAINT-GERMAIN

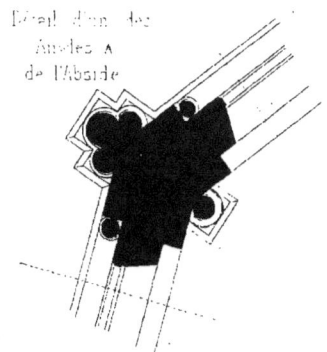

Détail d'un des
Angles A
de l'Abside

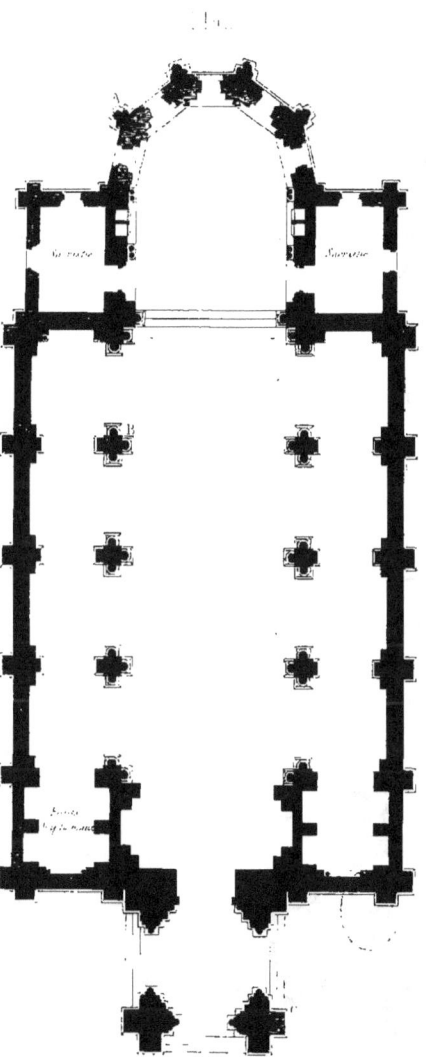

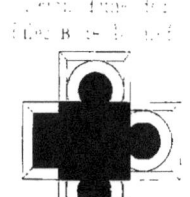

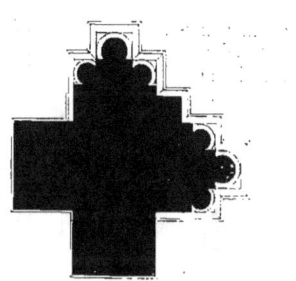

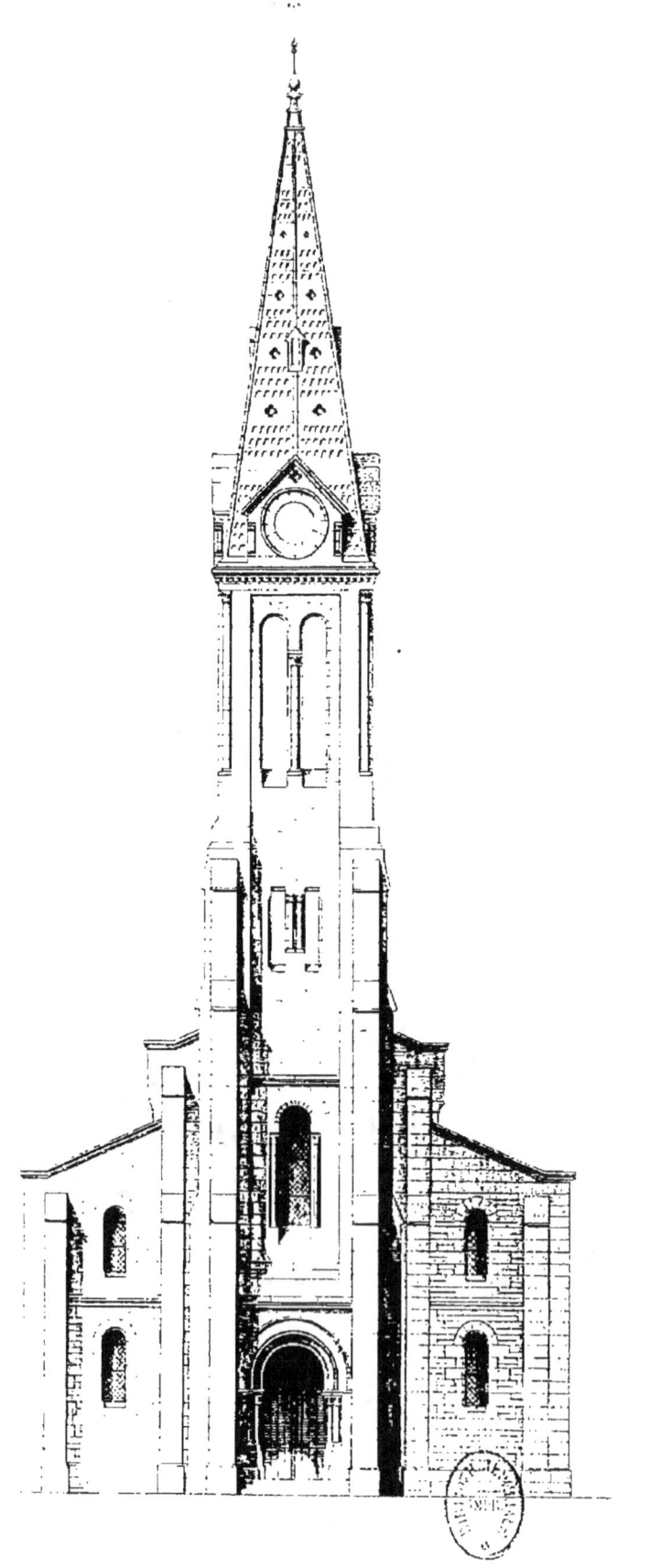

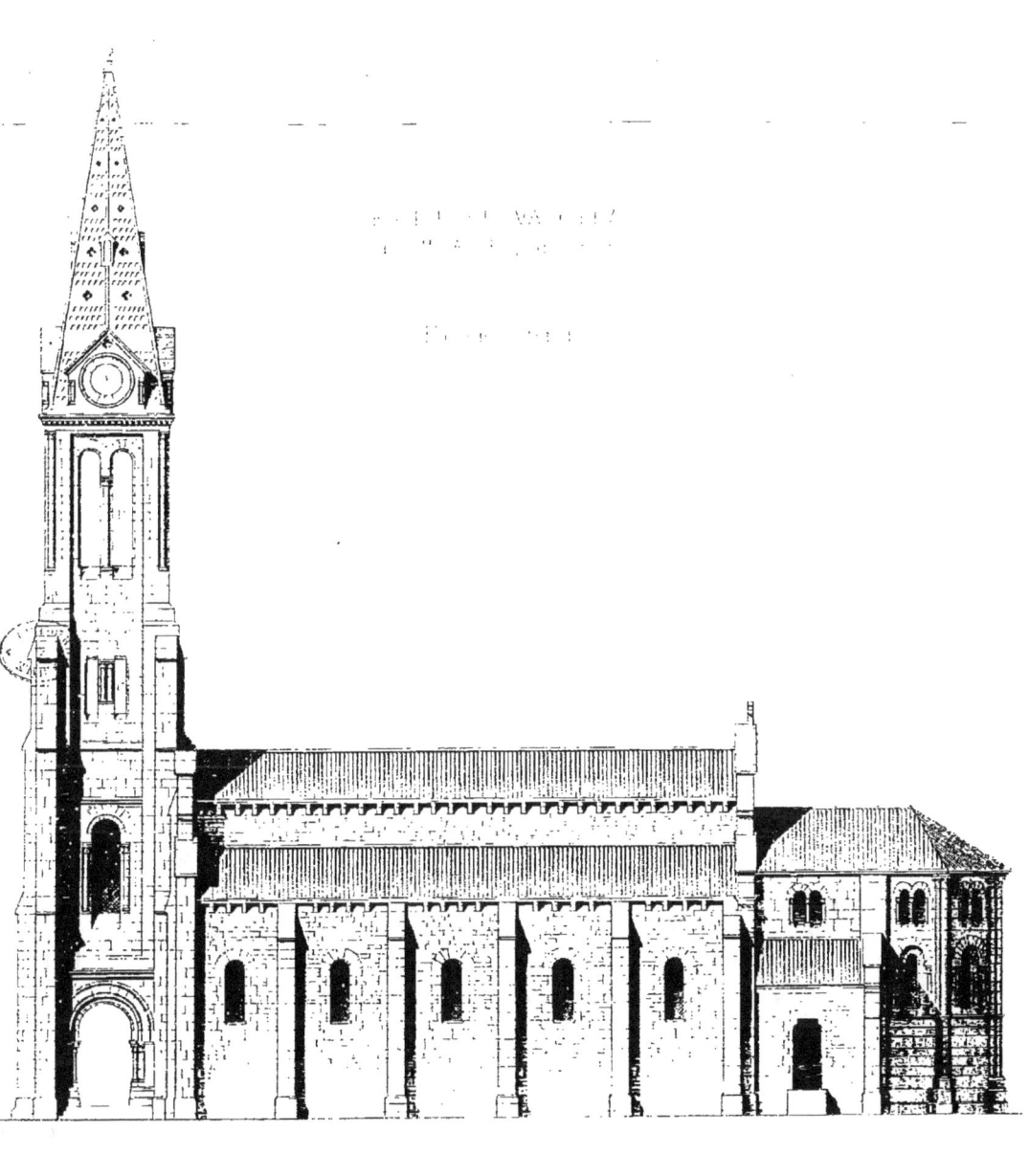

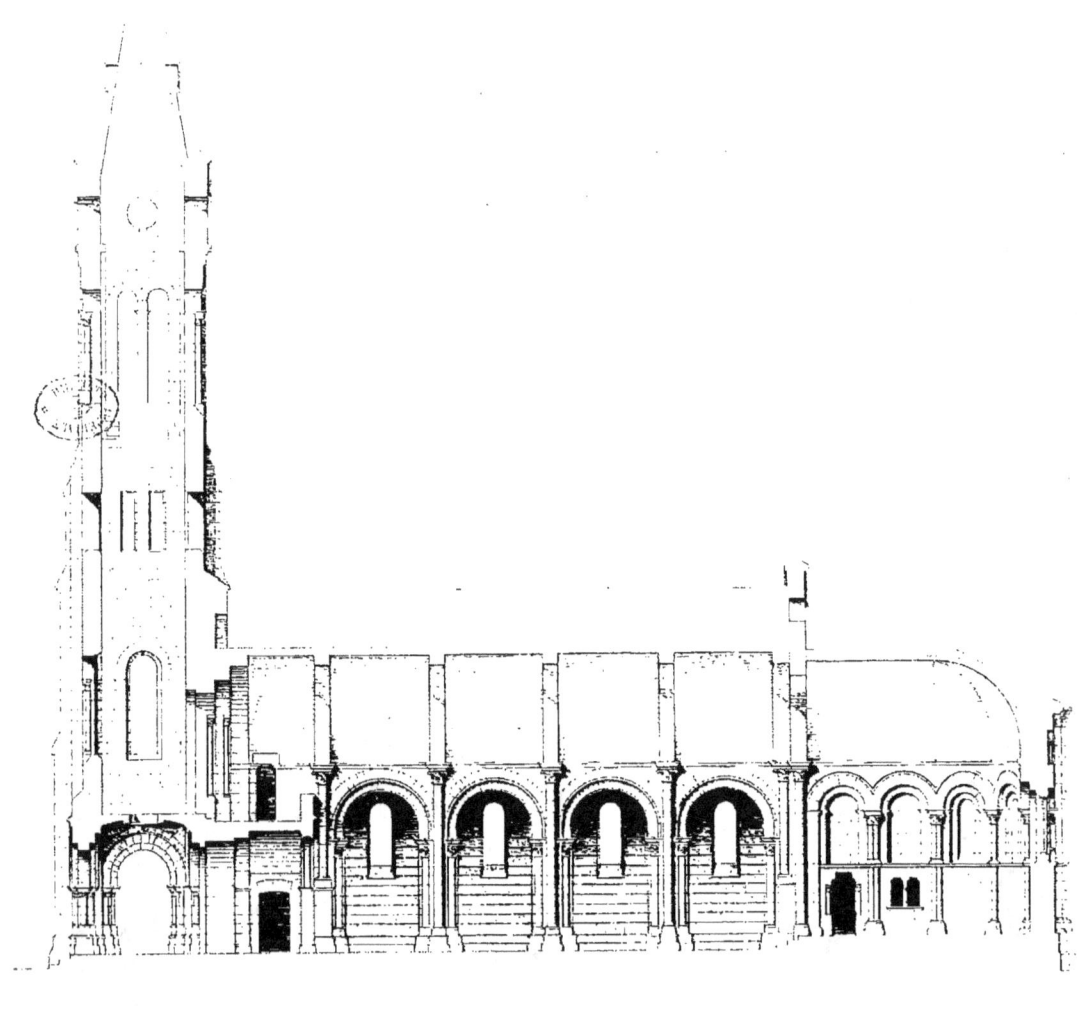

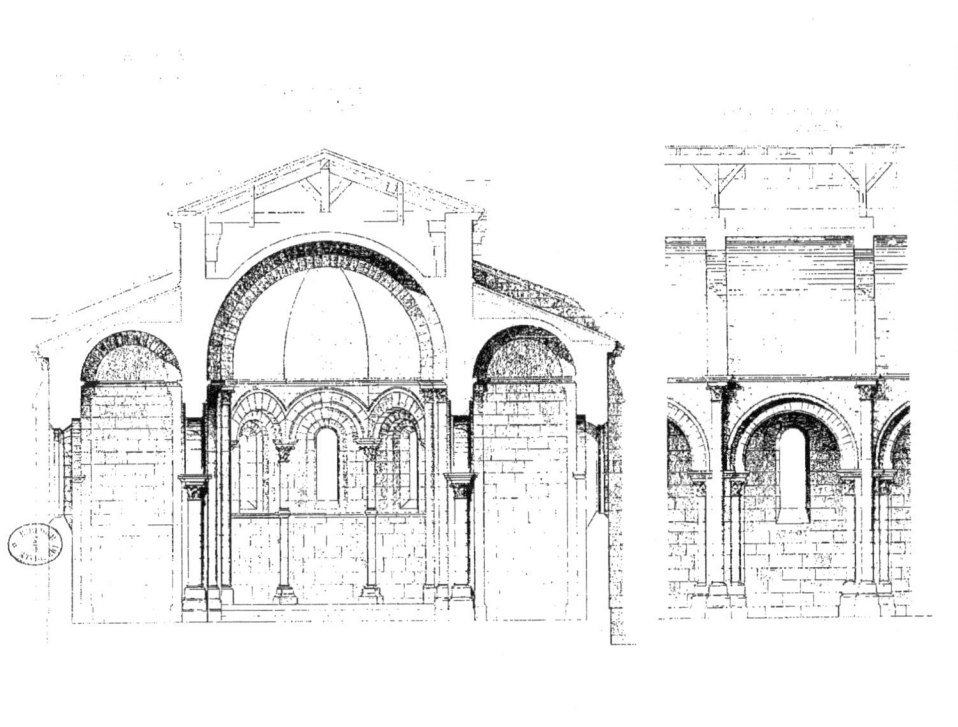

ÉGLISES DE SAINT-MARCEL

(Saone-et-Loire)

ET DE BOIS-COMMUN

(Loiret)

Quoique le cadre adopté dès le début de cette publication nous invite à reproduire surtout des monuments possédant un caractère d'ensemble et d'unité, nous avons, dans cette livraison, présenté seulement la disposition des nefs et quelques détails des églises de Saint-Marcel et de Bois-Commun. Chacun sait combien sont rares les édifices du moyen âge, offrant encore aujourd'hui un ensemble satisfaisant, mais d'autre part aussi, combien la plupart d'entre eux possèdent de parties intéressantes, à divers points de vue, qu'il serait fâcheux de ne pas publier. Dans l'un, le clocher seul mérite d'être signalé; dans d'autres, au contraire, le clocher n'existe plus, mais c'est alors le chœur qui offre de l'intérêt ou bien la nef qui présente une disposition originale. Or, comme avant tout c'est à l'étude des nefs qu'il est important de s'attacher, puisque, dans un monument religieux quel qu'il soit, du parti adopté pour la nef dépendent forcément, dans une certaine mesure, les autres parties de l'édifice, nous croyons ne pas sortir du cadre de la publication en reproduisant isolément quelques types de nefs intéressantes.

Dans l'église de Saint-Marcel, dont la construction remonte aux premières années du XIIIᵉ siècle (pour ce qui regarde la partie dont nous nous occupons) la retombée des voûtes est encore bien naïve et n'offre rien de particulier; la colonne montant de fond porte seulement l'arc doubleau; les arcs diagonaux pénètrent assez maladroitement au-dessus du chapiteau, mais la façon dont ces voûtes sont contrebutées est très-intéressante à étudier. (Voir la coupe transversale, pl. 5.) Des arcs-boutants en brique, reportant la poussée des voûtes hautes sur les contre-forts inférieurs, sont établis sous la couverture des bas côtés dont ils soutiennent la charpente et disposés de telle sorte qu'un passage continu est ménagé le long des murs de la grande nef. Nous avons déjà eu l'occasion de signaler des traces de systèmes analogues dans des édifices du même temps et d'indiquer des applications récentes dans des restaurations et des constructions neuves, mais nous n'avons vu dans aucun monument ancien ce parti simple, économique, ingénieux, nettement accusé comme dans celui qui nous occupe.

Quoique dépourvue pour ainsi dire complétement d'ornementation, malgré l'absence de triforium percé ou aveugle, l'intérieur de l'église de Saint-Marcel produit un bel effet; les proportions en sont très-bonnes; la nef et les bas côtés sont traités avec une ampleur qui n'est pas ordinaire; contrairement à ce qu'on remarque dans certains petits édifices de cette partie de la Bourgogne (dont nous avons publié quelques exemples) les dimensions des piles sont parfaitement en rapport avec la charge qu'elles ont à supporter et avec les écartements des travées. On trouve (planche 4) l'élévation extérieure et les détails de la face postérieure, qui est très-simplement traitée, mais offre une disposition particulière.

La nef de Bois-Commun est beaucoup plus riche et mieux étudiée au point de vue des détails et de la combinaison des arcs portant les voûtes, mais les proportions générales sont moins heureuses qu'à Saint-Marcel; la nef centrale est trop haute pour sa largeur; ce défaut, qui n'est pas sensible en géométral, est assez choquant en réalité. Nous signalerons, comme un des points les plus intéressants, la façon dont la section des piles est tracée; les colonnettes montant de fond pour porter les différents arcs des voûtes hautes forment un motif très-heureux et original; leurs chapiteaux viennent se rencontrer très-adroitement pour recevoir la retombée des arcs; le triforium est également parfaitement étudié comme effet et comme construction; les piles intermédiaires sont déchargées par deux arcs qui, outre leur utilité, relient très-bien le triforium à la fenêtre qui le surmonte. La coupe transversale (planche 3) fait voir comment sont contrebutées les voûtes hautes et montre la coupe sur la galerie qui passe au travers des contre-forts. Ici il n'y a pas d'arcs-boutants, la poussée est maintenue par les triangles de remplissage en maçonnerie qui portent sur les arcs doubleaux des bas côtés.

Nous donnons (planche 2) le détail de la porte d'entrée principale dont les proportions sont charmantes et l'aspect monumental. On trouve sur la même planche les différentes sections qui font comprendre comment sont disposés les arcs au-dessus des tailloirs.

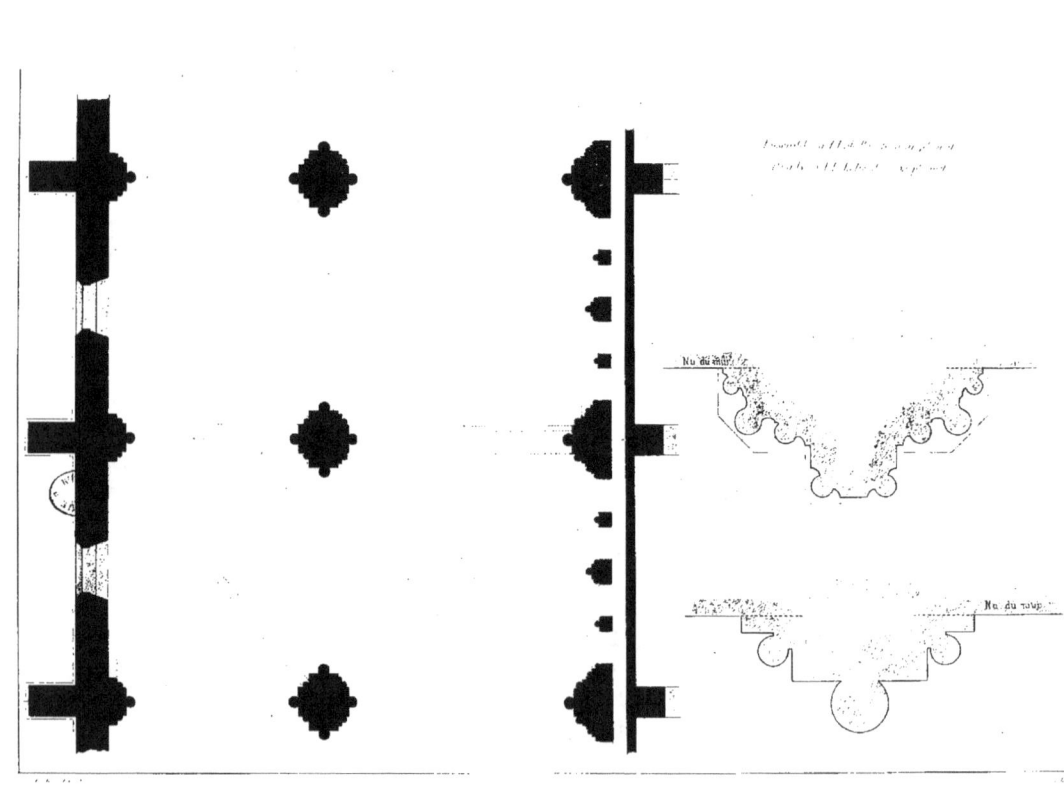

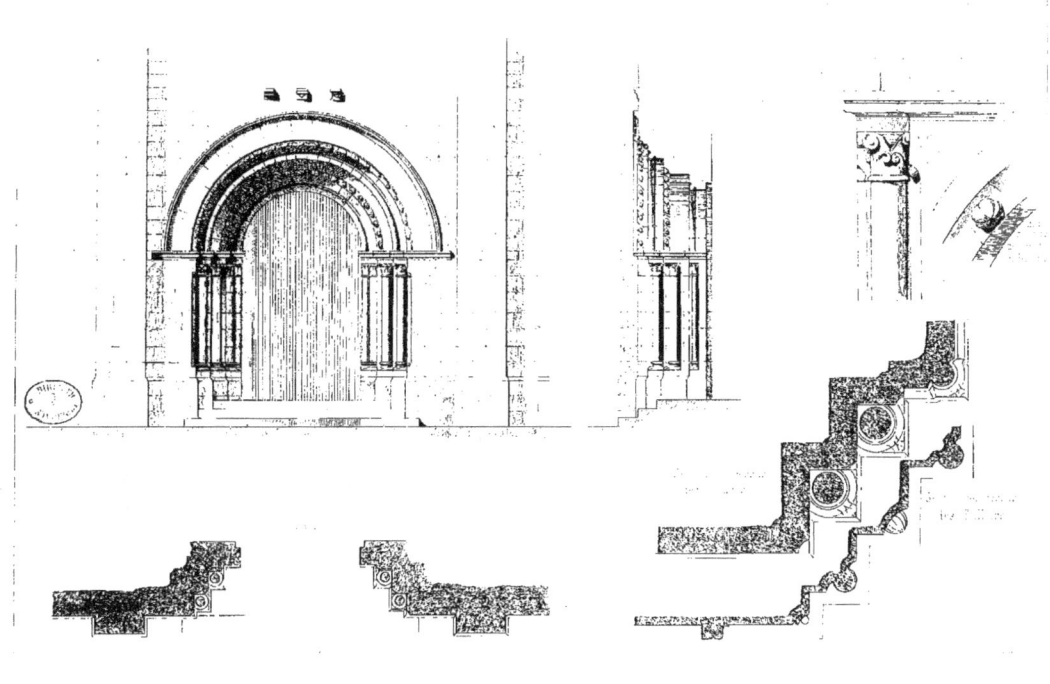

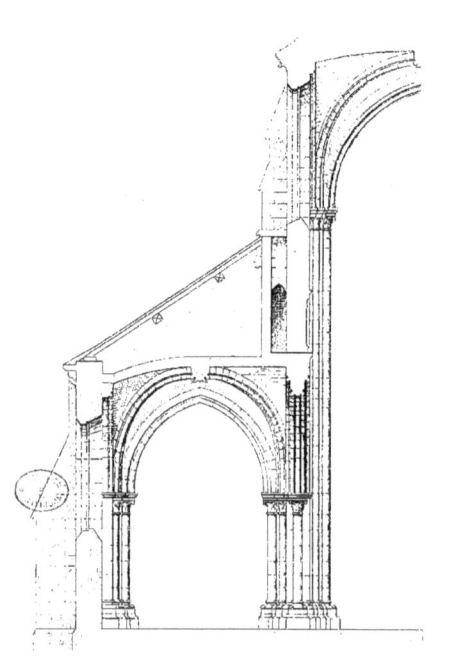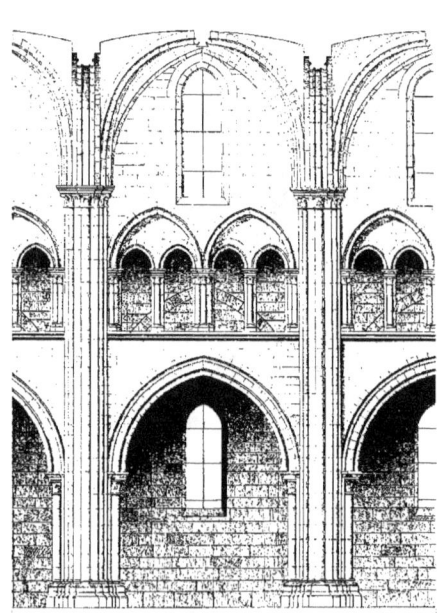

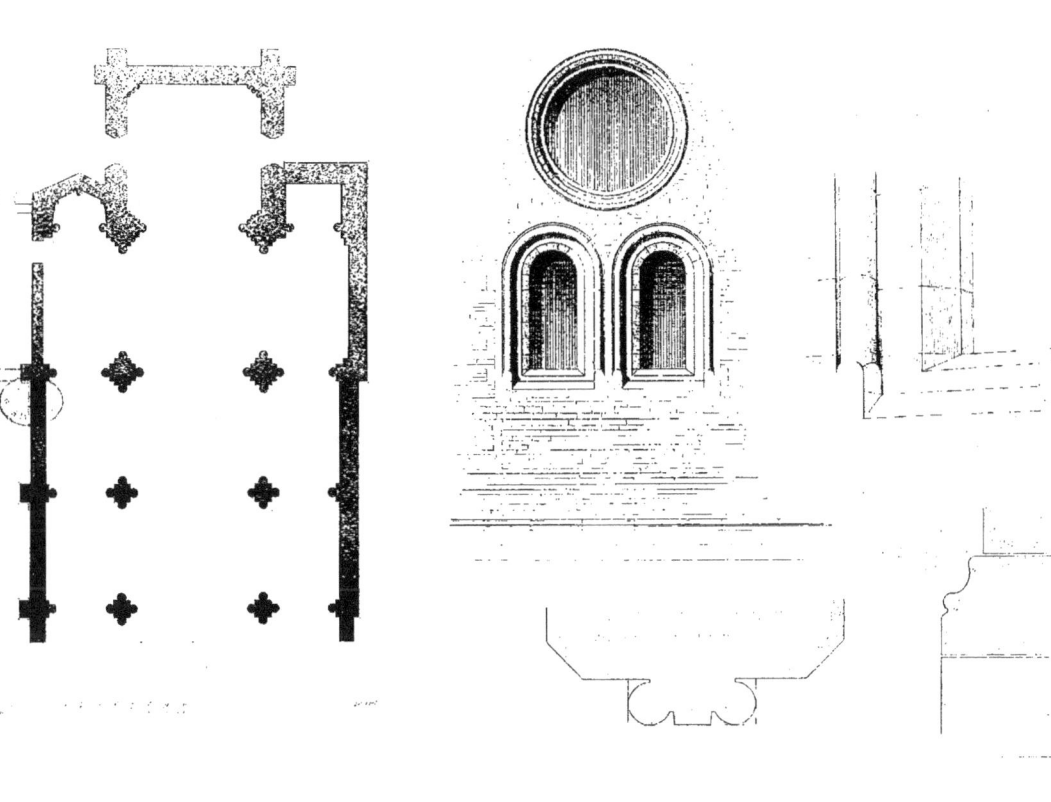

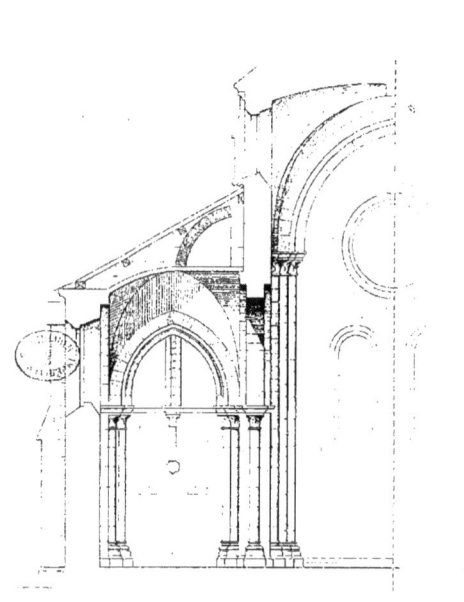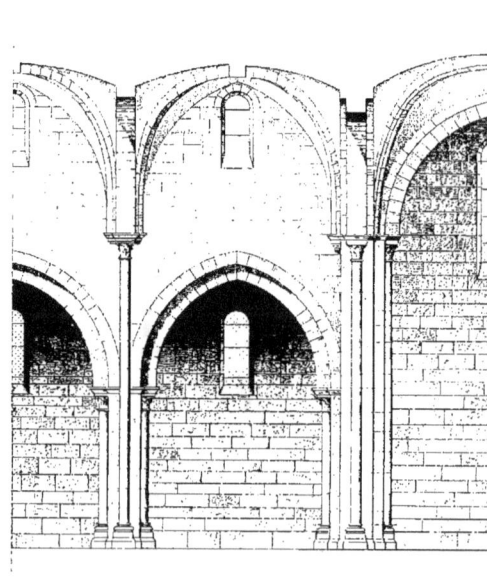

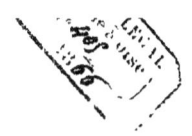

ÉGLISES DE MASNY

(NORD)

ET DE SAINT-WAAST

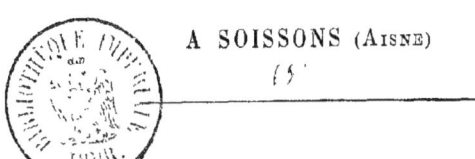

A SOISSONS (AISNE)

Quoique dans le courant de cette publication nous ayons déjà eu l'occasion d'exprimer notre opinion au sujet de l'emploi des plafonds, alors qu'il s'agit d'églises, nous croyons devoir revenir sur cette question débattue déjà bien souvent et dont l'importance est en effet considérable. Il est incontestable que généralement on préfère les églises voûtées à celles qui possèdent un plafond, et si les architectes ne se préoccupaient que du goût public, ils seraient toujours amenés à employer les voûtes. Cette préférence s'explique assez, eu égard d'abord à la tradition, et ensuite parce qu'en effet l'habitude de vivre sous des plafonds dans les habitations privées, fait désirer pour les édifices publics un aspect général différent, que la voûte offre tout naturellement.

Il n'y a là qu'une impression assez juste, assez naturelle, de laquelle l'architecte est entraîné à tenir d'autant plus compte qu'il y cède personnellement. Mais pour faire face à toutes les exigences que comporte son œuvre, il lui faut faire intervenir bien d'autres considérations, et, avant tout, bâtir économiquement. Certes, depuis quinze à vingt ans nous avons vu s'élever une quantité considérable d'églises qui, tout en étant voûtées, n'ont exigé que des ressources assez modiques, mais ce résultat n'a été atteint généralement qu'au détriment de la solidité et de la durée. On nous reprochera peut-être de nous répéter à cet égard, mais il est de ces erreurs contre lesquelles on ne saurait trop s'élever quand on a la conscience de leur étendue et de leur influence funeste. Bâtir une église sans adopter un système de construction bien franc, bien défini, vouloir, comme on le fait aujourd'hui, copier des édifices du moyen âge sans tenir compte du mode de construire adopté dans les monuments pris pour modèles, sans en saisir l'esprit ; les reproduire sans se préoccuper de la différence d'échelle, c'est plus qu'une erreur, c'est une faute. Procéder ainsi, c'est se résigner d'avance à n'obtenir qu'un résultat déplorable à tous les points de vue, car logiquement ces monuments (si l'on peut donner ce nom à ces bâtisses informes) doivent manquer de caractère, et leur durée ne pourra être que très-restreinte. Quiconque a un peu voyagé et visité des églises de village modernes, a pu se convaincre comme nous des tristes résultats obtenus et doit partager notre appréciation. Eh bien ! il faut le dire, c'est la manie des voûtes (qu'on nous passe l'expression) qui est la cause de tout le mal que nous signalons. S'agit-il de

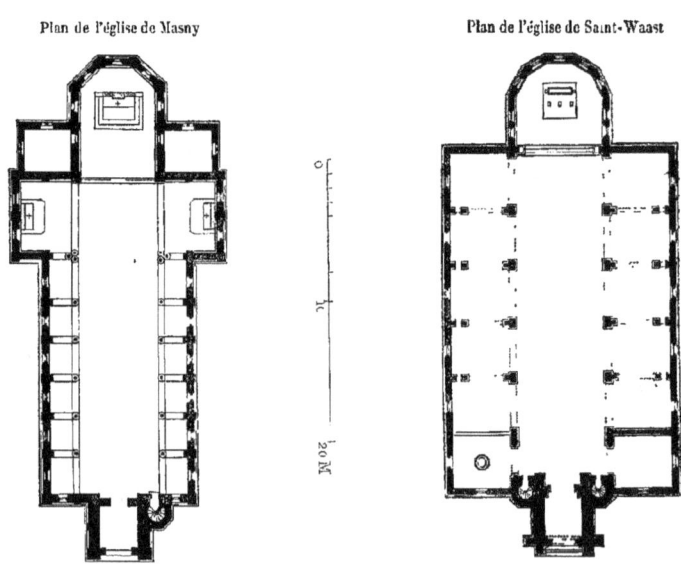

Plan de l'église de Masny   Plan de l'église de Saint-Waast

bâtir une église dans une commune, l'autorité locale, le clergé, le riche propriétaire qui fait un don, chacun enfin préfère les voûtes ; seulement, comme leur emploi exige des contre-forts, des arcs, etc., quand elles sont vraies, on se contente de voûtes fausses en lattis enduit ; l'église est voûtée, l'ogive est introduite, cela suffit !

N'est-il pas au contraire plus rationnel, plus sensé, d'adopter le plafond et de reporter les économies que permet ce système sur la construction, qui peut alors être soignée et exécutée de façon à aider au caractère monumental de l'édifice? Ainsi conçue, l'œuvre sera incontestablement supérieure ; elle sera inférieure peut-être à une église sérieusement voûtée, mais enfin, de deux maux il faut choisir le moindre.

En publiant précédemment la monographie de l'église de Fontenailles, nous avons déjà eu l'occasion de fournir un exemple d'église à plafond; aujourd'hui, nous avons réuni dans une même livraison deux petits édifices construits par M. Bœswilwald, qui tous deux sont plafonnés et conçus dans un excellent esprit ; en les examinant, en les étudiant avec soin, et surtout en considérant le peu de dépenses que chacun a exigé, on est surpris de l'excellent résultat obtenu à tous égards. Il nous a paru intéressant de mettre ces deux églises en parallèle, parce que, tout en étant élevées d'après le même principe général de construction, elles présentent chacune une disposition distincte et que, d'autre part, elles ont été construites avec des matériaux différents. L'église de Masny est presque entièrement montée en briques, selon l'usage du département du Nord. La pierre, qu'il a fallu faire venir du département de l'Oise, n'a été employée que là où elle était indispensable, notamment pour les piédroits des baies en prévision des scellements que nécessitent les fers à vitraux, pour le socle et quelques parties de couronnement. Quant aux piliers extérieurs, l'architecte a dû, par économie, avoir recours à la fonte et il en a tiré un excellent parti. La coupe transversale et les détails qui la complètent (planche 2) montrent comment les colonnes sont maintenues en équilibre à l'aide d'un poitrail composé de deux fers à T, qui les relie au mur des bas côtés. Le parti est bien franc, bien complet et économique. Ce résultat prouve clairement combien peu la répugnance que montrent beaucoup d'architectes pour la fonte, alors qu'il s'agit de constructions monumentales, est peu fondée. Les points d'appui en fonte sont trop grêles, leur aspect est désagréable, dit-on, et partant de là, on laisse de côté, si ce n'est pour des bâtisses industrielles, cette matière qui offre tant d'avantages. Étudions-la au contraire, sachons l'utiliser et la décorer rationnellement, et les édifices dans lesquels nous en ferons usage, ne manqueront pas de caractère. Si l'emploi de la fonte n'a pas satisfait jusqu'à présent au point de vue architectural, il faut s'en prendre aux architectes et non à la matière. A propos de l'église de Masny, nous ferons également remarquer comment l'architecte a su profiter des ressources qu'offre l'appareil de la brique au point de vue décoratif, quand cet appareil est étudié avec soin et avec la connaissance des effets à produire. L'église de Saint-Waast de Soissons, élevée dans une localité autour de laquelle les matériaux calcaires abondent et sont par suite peu coûteux, est entièrement construite en pierre d'appareil ; par cela même l'extérieur en est sinon plus monumental du moins plus riche qu'à Masny.

La disposition du plafond de la grande nef est analogue à celle adoptée dans l'église de Masny, mais les bas côtés sont couverts différemment ; ici le plafond est rampant et suit simplement la pente du comble. Ce parti est franc mais n'est pas, croyons-nous, aussi satisfaisant que celui qui consiste, comme à Masny, en un plafond indépendant de la couverture. Dans ce dernier cas, l'intérieur est plus garanti des influences de la température et des infiltrations.

Quoi qu'il en soit, la coupe de Saint-Waast (voir planche 3) est très-intéressante à étudier et présente une disposition originale et très-rationnelle. Pour contrebuter les arcs correspondant aux piliers de la grande nef et portant des demi-pignons destinés à épauler les murs goutterots ainsi qu'à porter la charpente, l'architecte a placé des contre-forts intérieurs dont toute la saillie profite d'autant plus intérieurement qu'ils sont évidés dans la partie inférieure afin de rendre la circulation d'autant plus facile. Des contre-forts extérieurs eussent coûté plus cher, exigé des parties de pierre dure, et auraient donné à l'édifice extérieurement l'apparence d'une construction voûtée et par conséquent eussent enlevé à l'église son véritable caractère.

Nous pourrions nous étendre davantage sur les qualités de ces deux petits édifices et en faire ressortir bien d'autres enseignements encore, mais notre cadre s'y oppose, nous comptons d'ailleurs sur les planches pour suppléer à cette insuffisance ; quoique nous ayons été de ce côté également obligé de nous restreindre, ces deux églises ayant été données déjà avec plus de développement dans d'autres publications auxquelles nous engageons nos lecteurs à se reporter [*]; nous terminerons en ajoutant que l'intérieur de chacune de ces églises est décoré de peintures murales. Dans celle de Saint-Waast, vu la présence de la pierre qui suffit déjà à enrichir, l'importance de la peinture est beaucoup moins considérable qu'à Masny, dont l'intérieur a dû être enduit par suite de l'emploi de la brique, et dans laquelle les surfaces sont extérieurement décorées à l'aide de refends et d'ornements peints.

[*] Voir la *Gazette des architectes*, année 1864, et la *Revue d'architecture*, année 1856.

351. — Imprimerie de L. Toinon et Cie, à Saint-Germain

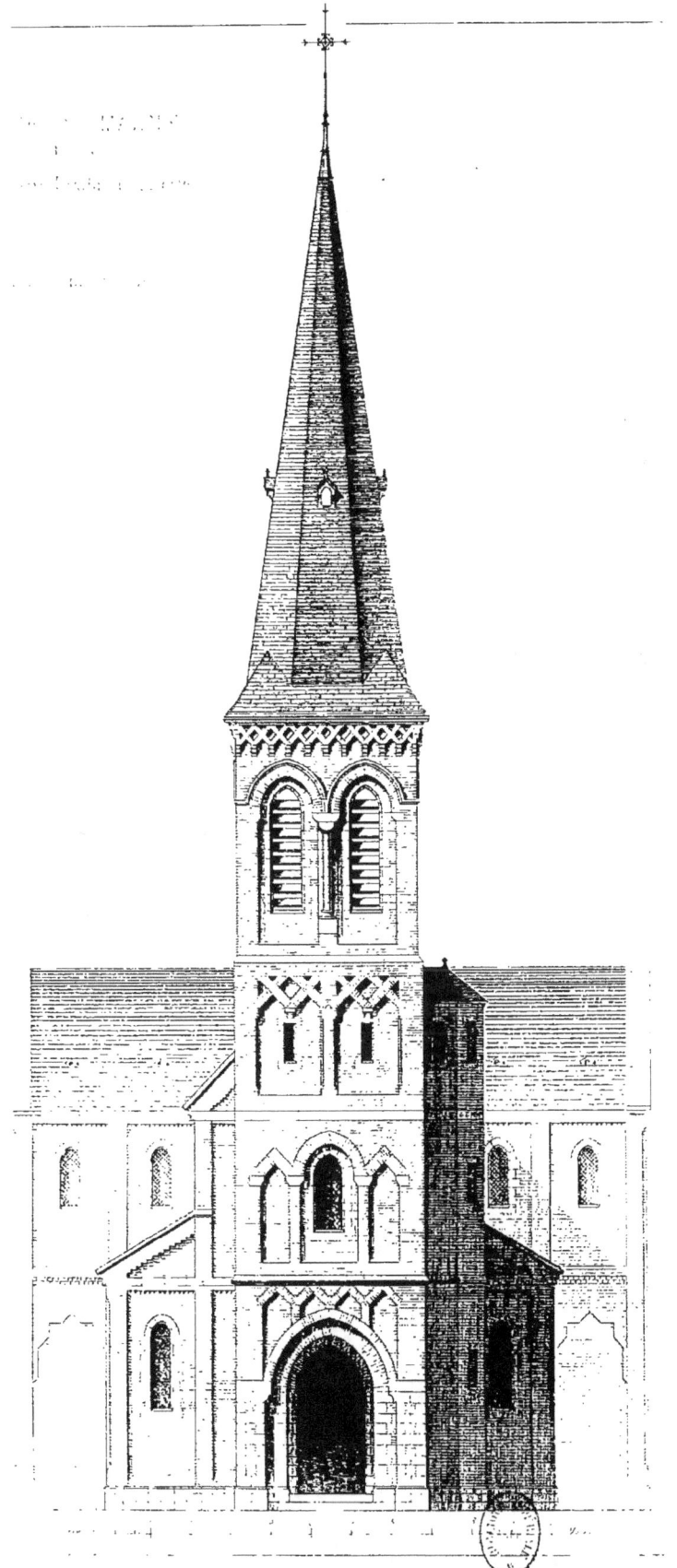

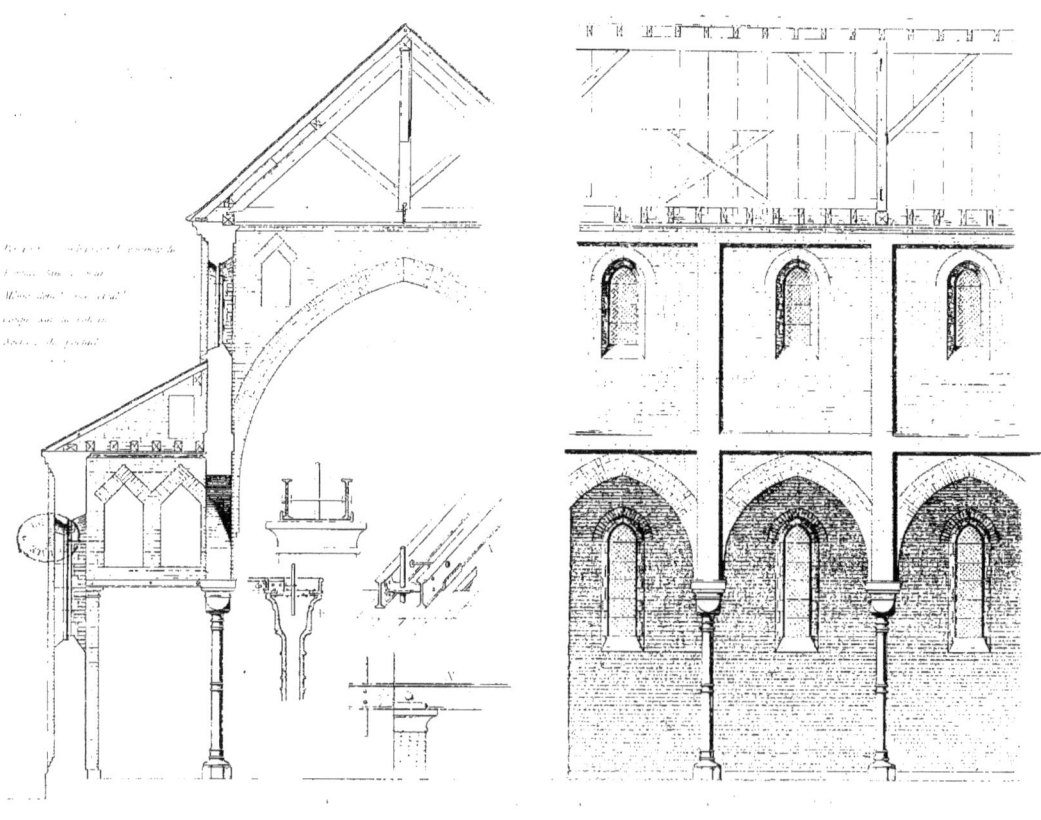

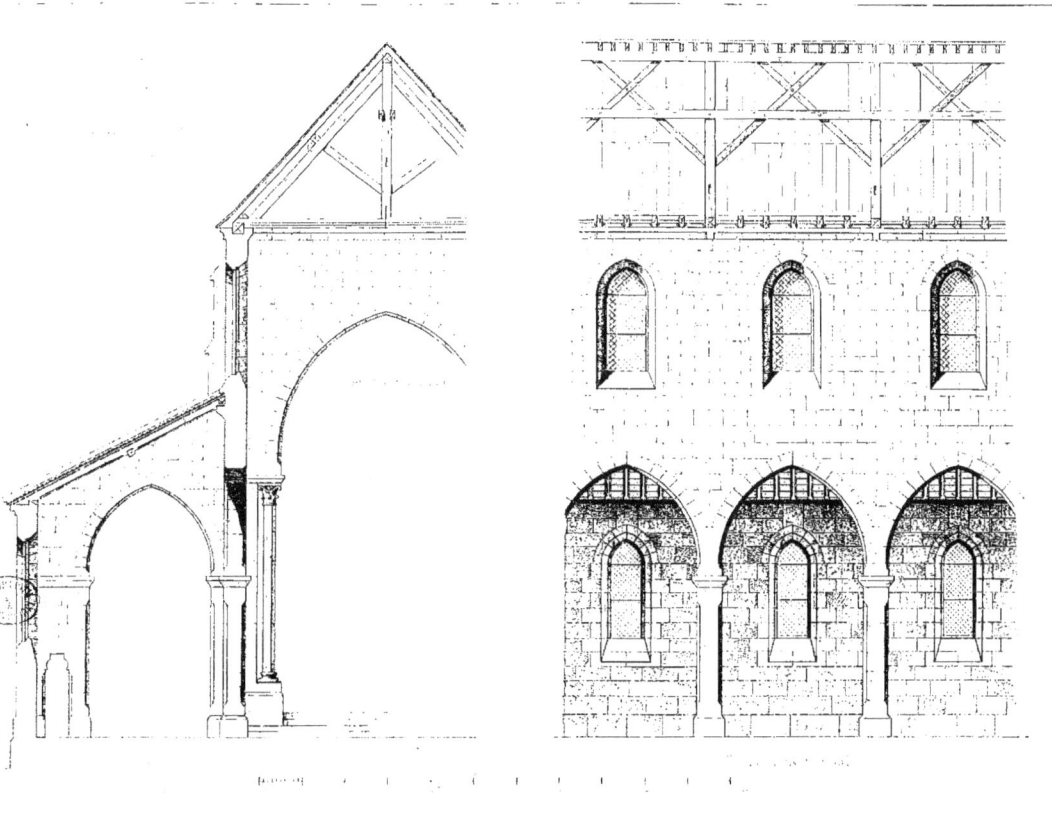

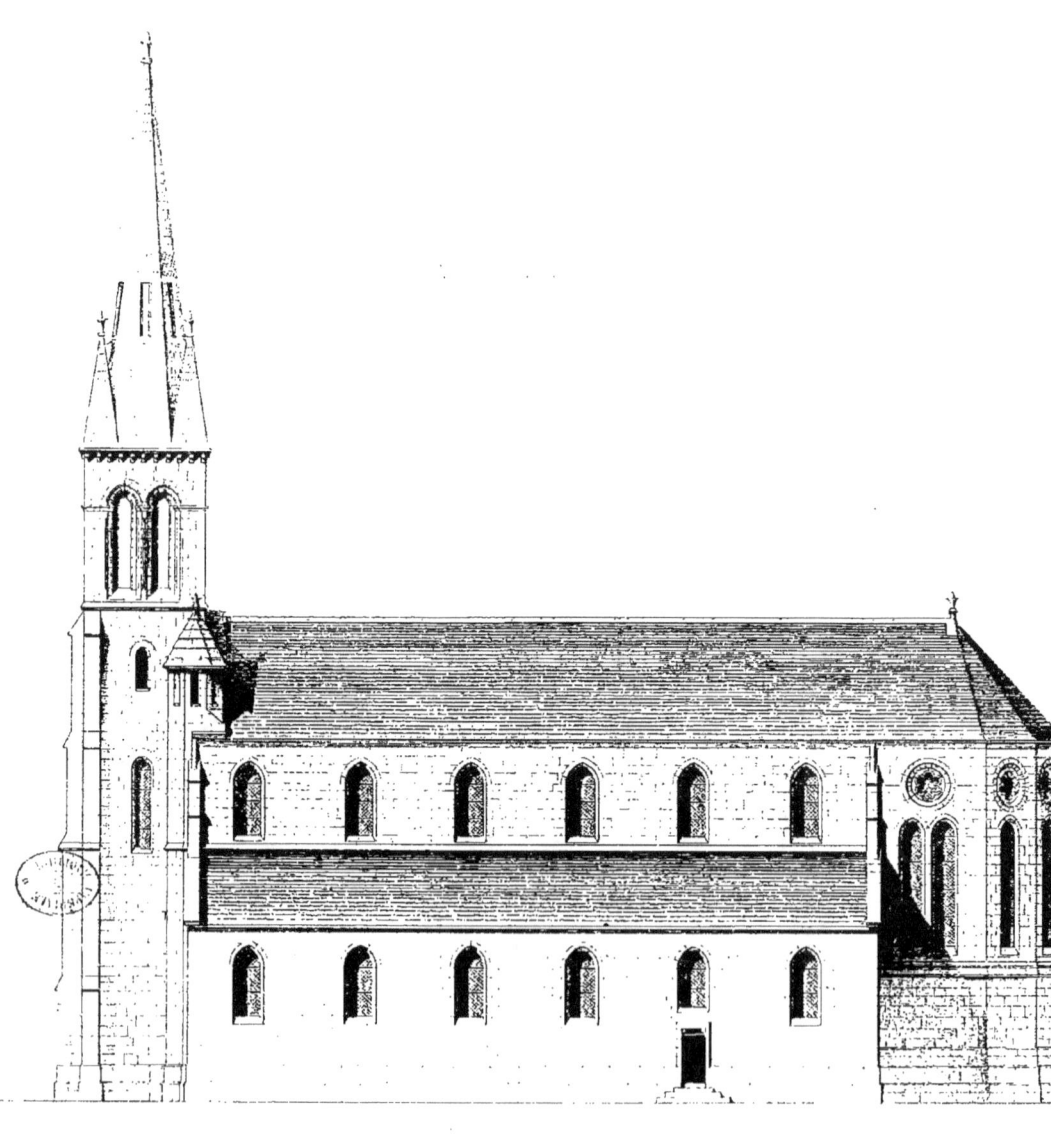

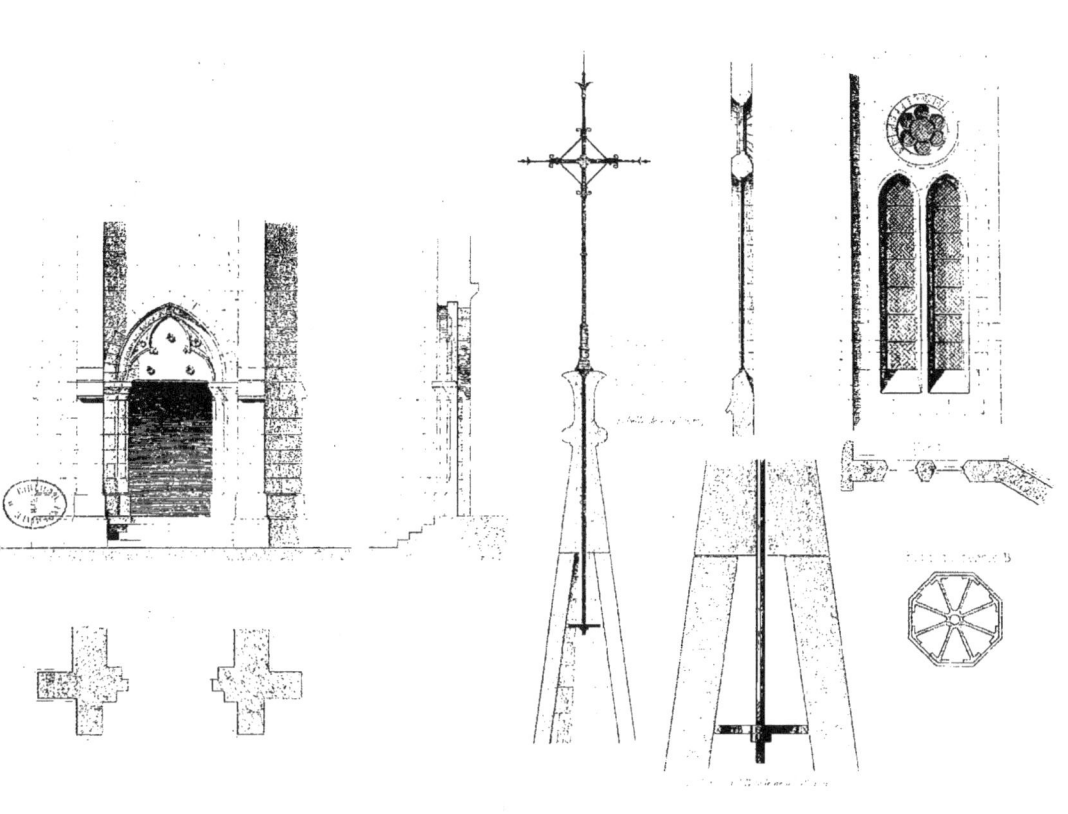

ÉGLISES DE VERNOUILLET

ET DE FEUCHEROLLES

(Seine-et-Oise)

Au premier abord, ces deux églises paraissent très-différentes, mais elles ont
entre elles une grande analogie et il y a intérêt à les présenter simultanément.
L'une et l'autre possèdent une nef et des collatéraux, et, dans chacune d'elles, la nef
principale est dépourvue de jours supérieurs ; il en résulte que le système général
de construction est identique ; seulement, à Vernouillet, la nef centrale est très-étroite
relativement aux collatéraux, tandis qu'à Feucherolles les bas côtés sont très-réduits
et ne sont à proprement parler que des passages. Cette dernière disposition est pré-
férable au point de vue de la circulation et rentre davantage, au moins en principe,
dans l'esprit de nos programmes modernes, quoique jusqu'à présent bien peu de
tentatives aient été faites dans ce sens.

Cette question fort importante a besoin d'être envisagée sous tous ses aspects et
demande à être développée dans cette publication, mais nous en ferons plus loin
l'objet d'une étude spéciale ; dans le cas présent, nous nous bornerons à examiner
les deux exemples publiés dans cette livraison.

Ces deux monuments présentent chacun des constructions de différentes époques,
aussi n'offrent-ils pas un caractère d'unité bien satisfaisant ; néanmoins ils sont
très-intéressants dans toutes leurs parties, dont quelques-unes méritent surtout d'être
publiées ; les nefs et les clochers, et en particulier l'abside de Vernouillet, ont une
véritable valeur à divers points de vue. Tout en ne donnant pas comme coupes et
élévations un grand développement relativement à ces deux exemples, nous avons
cru nécessaire de reproduire en entier les deux plans, afin de faciliter l'intelligence
des autres planches.

La nef de Feucherolles, dont la coupe est représentée (fig. 4), remonte aux premières années du XIIIe siècle et a dû en remplacer une primitive datant de la construction du clocher, lequel est antérieur à la nef actuelle. Cette nef, comme nous le
disions plus haut, n'est pas éclairée dans la partie supérieure, mais en revanche les

collatéraux sont assez élevés et laissent passer suffisamment de lumière pour que la partie centrale ne soit pas sombre; d'ailleurs la nef est courte et reçoit un grand jour par la rose percée dans le pignon de la façade. Les proportions de cette nef sont très-heureuses, le parti pris de faire des bas côtés étroits est bien franchement indiqué et donne à l'intérieur un aspect original et tout particulier; nous ne ferons qu'un reproche à cette composition, c'est à propos des voûtes des passages. Celles-ci, établies d'après le système gothique, c'est-à-dire sur nervures, produisent mauvais effet par suite du peu de développement qu'elles prennent dans le sens transversal; pour des passages aussi étroits, de simples berceaux parallèles aux archivoltes eussent été plus convenables sous le rapport de la construction et de l'aspect.

Le clocher de Feucherolles se trouve actuellement resserré entre la nef et le chœur (comme on le voit sur le plan) et a perdu tout son caractère dans les parties basses. En élévation depuis sa sortie du comble, il est bien étudié et d'une silhouette charmante. Les détails en sont très-fins et les profils fort bien tracés en raison des petites dimensions qu'ont leurs assises.

L'église de Vernouillet, bien connue et très-appréciée en général des artistes, est un des petits monuments de l'Ile-de-France les plus remarquables au point de vue de l'art. Le clocher, qui date de la fin du XIIe siècle, est certainement, parmi ceux d'une même importance que nous ait laissés le moyen âge, le plus curieux, le plus savamment combiné et le plus complétement réussi. Le passage de la base carrée à la flèche octogonale est habilement conçu, il y a là une entente parfaite des effets et une étonnante conception de construction qui donnent une grande idée de l'habileté et du génie des artistes de ce temps.

Quant à l'abside, qui est un peu postérieure au clocher et date du XIIIe siècle, elle peut être également considérée comme une œuvre exceptionnellement remarquable; d'une grande simplicité, d'une grande sobriété de détails, elle doit tout son effet aux proportions générales et à la franchise avec laquelle les parties intérieures sont accusées extérieurement. Rien n'est simple en apparence comme une abside carrée et cependant rien ne demande à l'architecte plus d'expérience et d'étude. Le grand écueil à éviter pour l'artiste, c'est de ne pas laisser supposer que l'édifice est interrompu provisoirement, de ne pas laisser désirer de le voir se prolonger. Les formes circulaires et à pans, par suite de leur nature même, offrent une terminaison bien définie. Il n'en est pas de même de la forme rectangulaire, aussi, en fait d'absides carrées, il ne peut y avoir d'intermédiaire : ou l'œuvre est complétement réussie, ou complétement mauvaise.

351. — Imprimerie de L. Toinon et Cie, à Saint-Germain

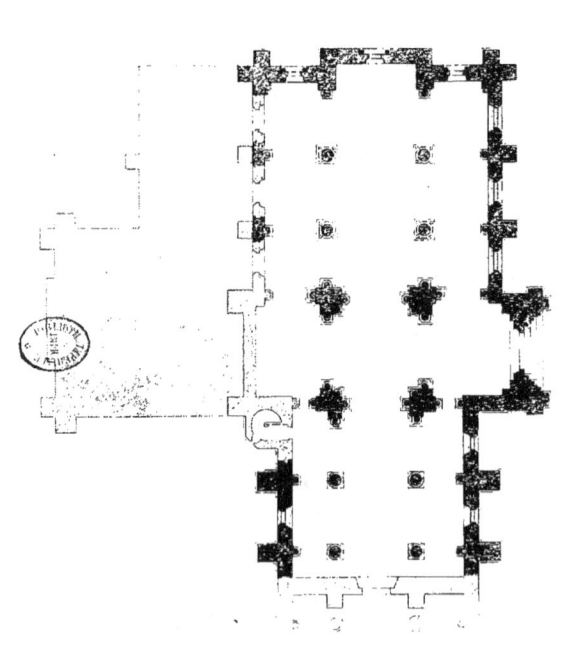
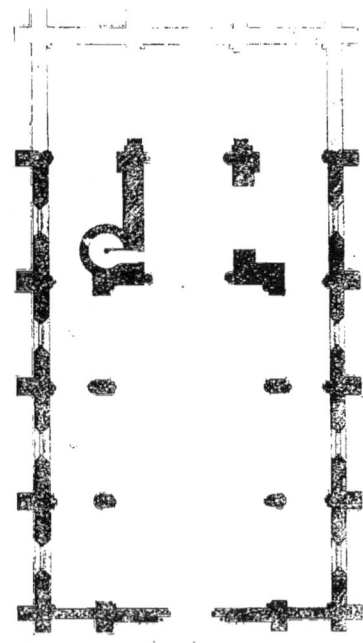

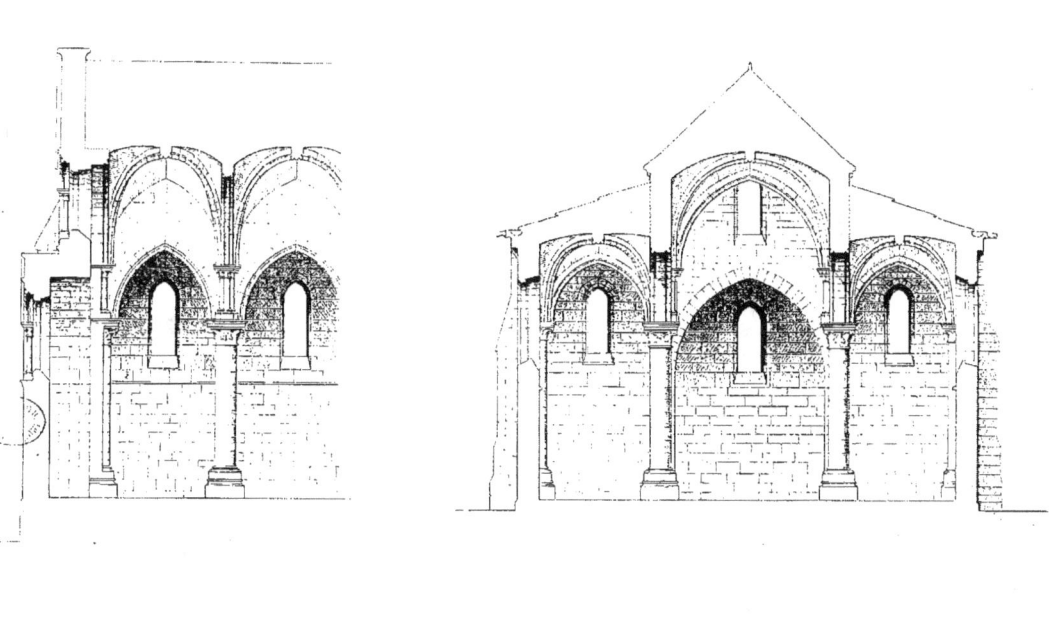

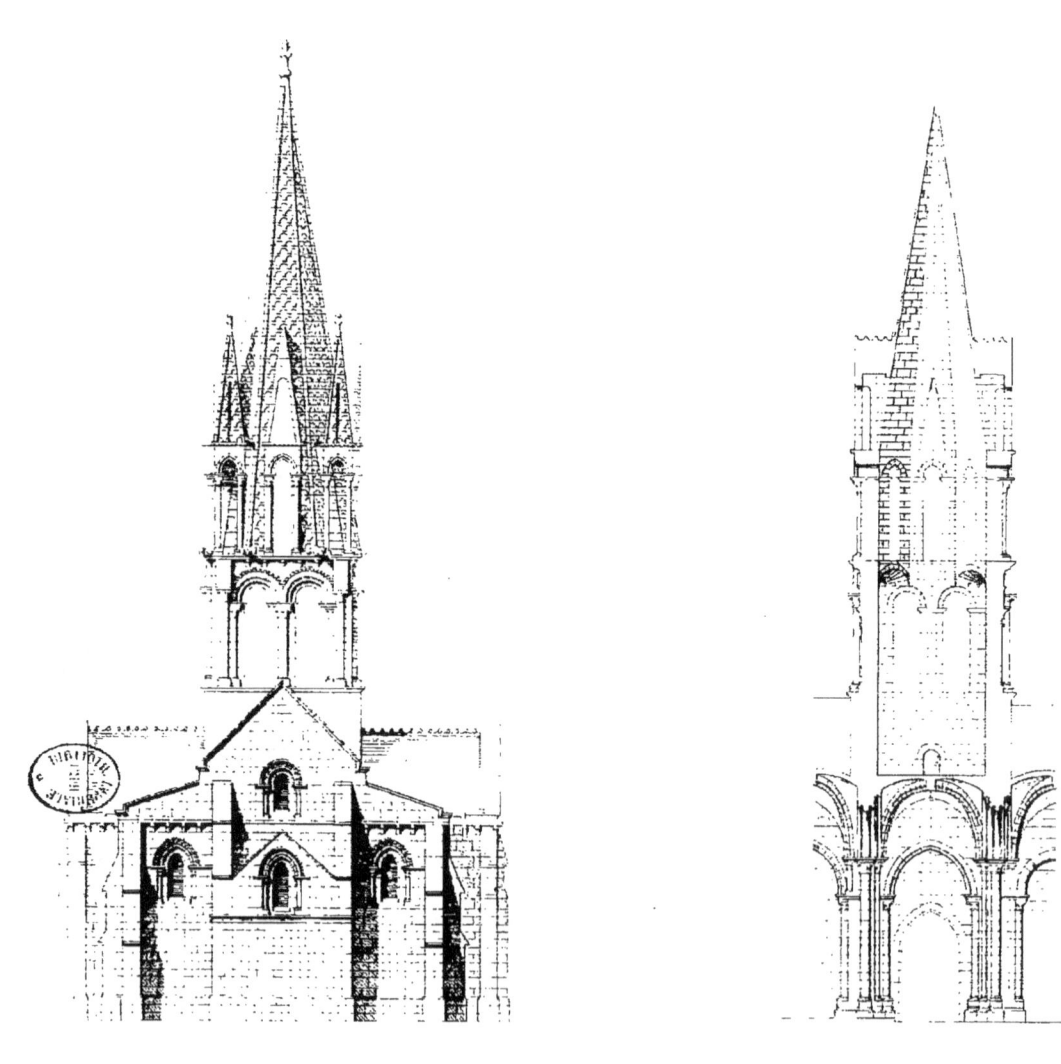

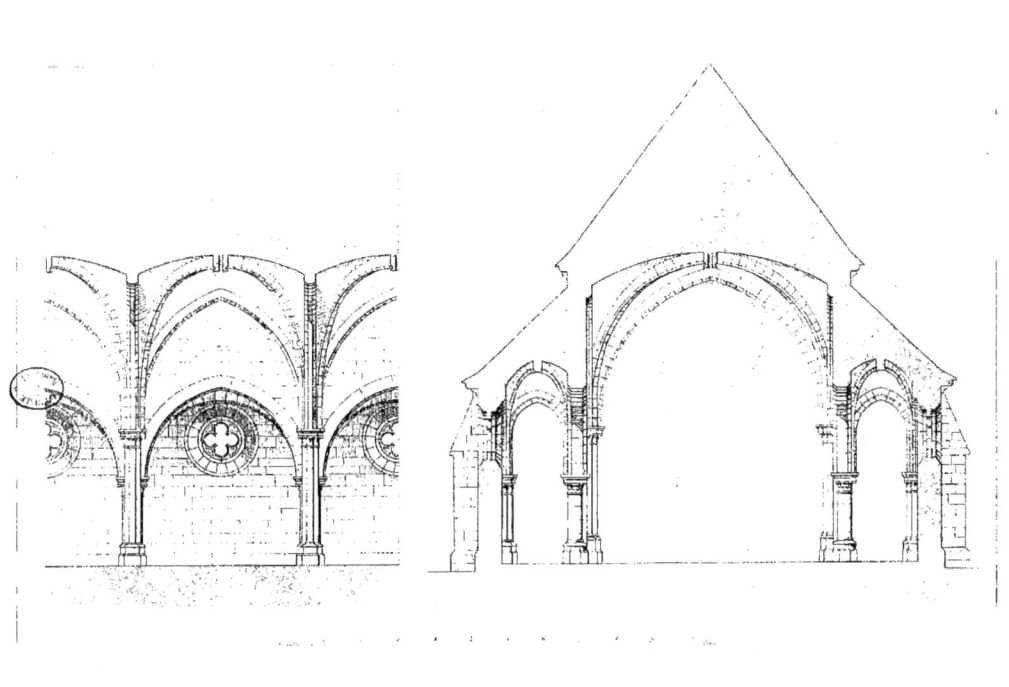

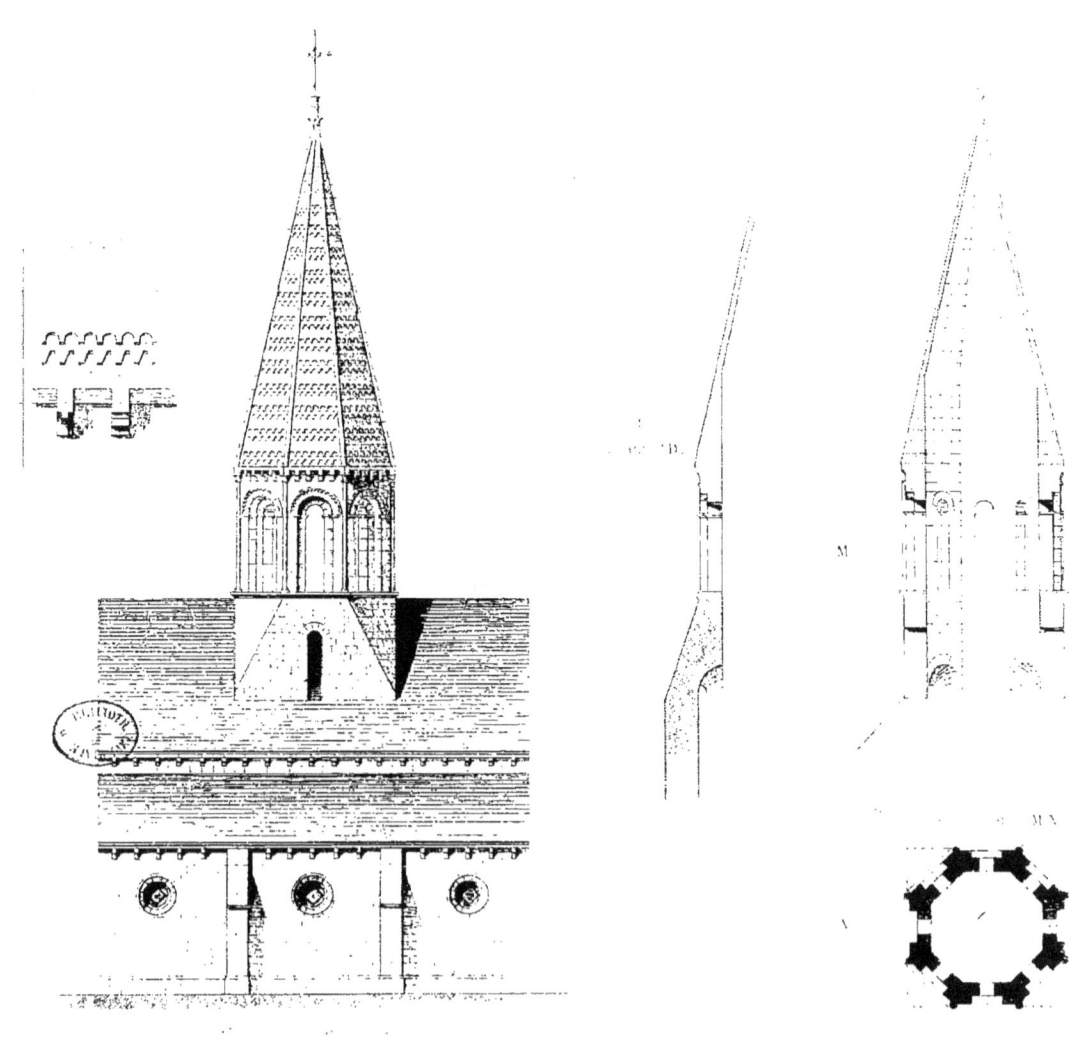

ÉGLISE DE LA ROCHE MILLEY

(Nièvre)

[5]

Depuis l'époque à laquelle nous avons commencé la publication des églises de
bourgs et villages, nos abonnés nous ont demandé à diverses reprises de présenter
des types très-simples et très-économiques des églises n'ayant exigé chacune
qu'une dépense de trente à quarante mille francs. Parmi les édifices anciens il nous
a été pour ainsi dire impossible de trouver de semblables exemples, attendu que,
quoique basées généralement sur des systèmes de construction d'une grande simplicité, les plus modestes églises du moyen âge sont trop vastes pour satisfaire à ces
conditions, ou bien sont bâties avec des matériaux trop coûteux aujourd'hui; ajoutons qu'aucune, pour ainsi dire, n'est bien complète, que presque toutes ont subi des
modifications telles qu'elles ne présentent plus assez d'unité pour établir des devis
sérieux. D'ailleurs, en publiant ce recueil, nous n'avons jamais eu la pensée de
fournir des modèles d'églises du moyen âge qui puissent être reproduits, mais simplement de présenter des conceptions dont l'étude pouvait être utile.

Quant aux églises modernes, malgré nos recherches il nous a été difficile d'en
trouver, dans cet ordre d'idées, d'autres que celles déjà publiées; aussi pensons-
nous qu'on ne nous saura pas mauvais gré de donner la monographie d'une petite
église que nous avons été appelé à élever dans le département de la Nièvre.

Ce petit édifice peut contenir six à sept cents personnes, il se compose d'une nef
et de deux collatéraux enfermés sous un même comble couvert en tuiles; au droit
des piles sont montés transversalement des pignons en maçonnerie remplaçant les
fermes en charpente et permettant de soulager les poutres à l'aide de liens; la nef
centrale est voûtée au moyen d'un berceau longitudinal en briques creuses; les collatéraux sont voûtés par une succession de petits berceaux tracés en segments et

construits également en briques creuses ; ces berceaux contrebutent celui de la nef principale. A droite, près du chœur, est placée la sacristie ; à gauche, se trouve une chapelle destinée à une famille particulière qui a fait un don considérable pour la construction de l'église. Le clocher, placé sur la face principale, est de section barlongue; il pose au moyen d'encorbellements sur les deux massifs en maçonnerie qui contrebutent les archivoltes de la nef ; à droite est réservé un espace pour les fonts baptismaux, à gauche sera disposé un escalier conduisant à la tribune et au clocher.

Le devis de cette église, élevée dans une localité où les matériaux sont d'ailleurs peu coûteux, ne s'élève pas à la somme de 40,000 fr., ce qui met le mètre superficiel à 100 fr. environ ; en voici le résumé ci-contre :

Typographie L. Toinon et Cᵉ, a Saint-Germain.

DEVIS SOMMAIRE

NATURES D'OUVRAGES	QUANTITÉS		Prix		Sommes	
			fr. c.		fr. c.	
Terrasse	130	m. c.	0	70	91	00
Maçonnerie de moellon.	795	—	9	00	7.155	00
Granit de la Roche-Mouron pour colonnes, piliers engagés, sommiers, etc....	35	—	57	00	1.995	00
Granit de la Comolle, pour socles, angles, piédroits, bandeaux, corniches, etc...............................	172	—	35	00	6.010	00
Taille de granit................................. ...	2000	m s.	4	25	8.500	00
Voûtes en briques creuses, compris l'enduit...............	424	—	4	50	1.908	00
Carrelage....	356	—	4	50	534	00
Plafonds	22.50	—	3	00	67	50
Charpente de la flèche en bois de chêne................. ..	5.812	m. c	121	00	703	25
Charpente du comble............................. . .	27.806	—	96	00	2.669	37
Couverture en tuiles	525.50	—	3	00	1.576	50
Couverture en ardoises de la flèche......................	90.00	—	4	62	415	80
Plomberie	»	»	»	»	350	00
Serrurerie..	»	»	»	»	1.000	00
Menuiserie	»	»	»	»	250	00
Peinture et vitraux	»	»	»	»	800	00
					34.025	42
Imprévus................................	1/20		»	»	1.701	27
					35.726	69
Honoraires de l'Architecte	»	»	»	»	1.786	33
TOTAL...............................	»	»	»	»	37.513	02

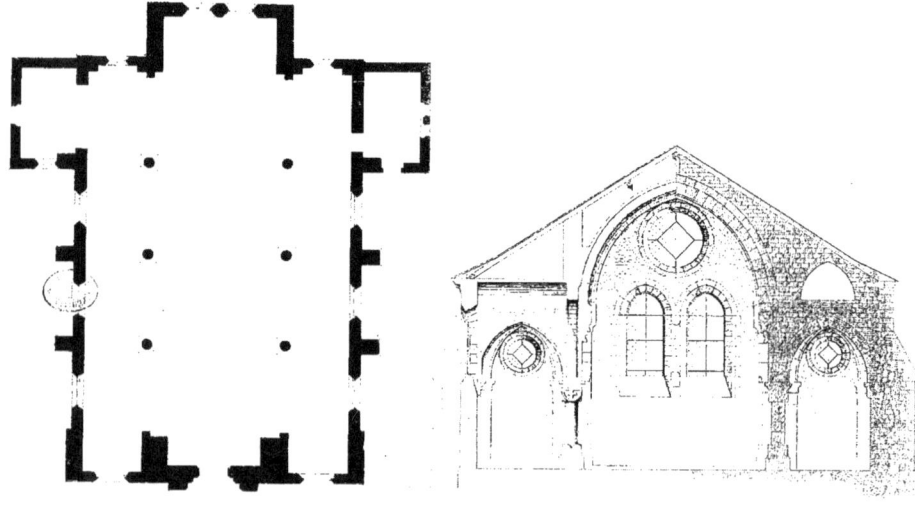

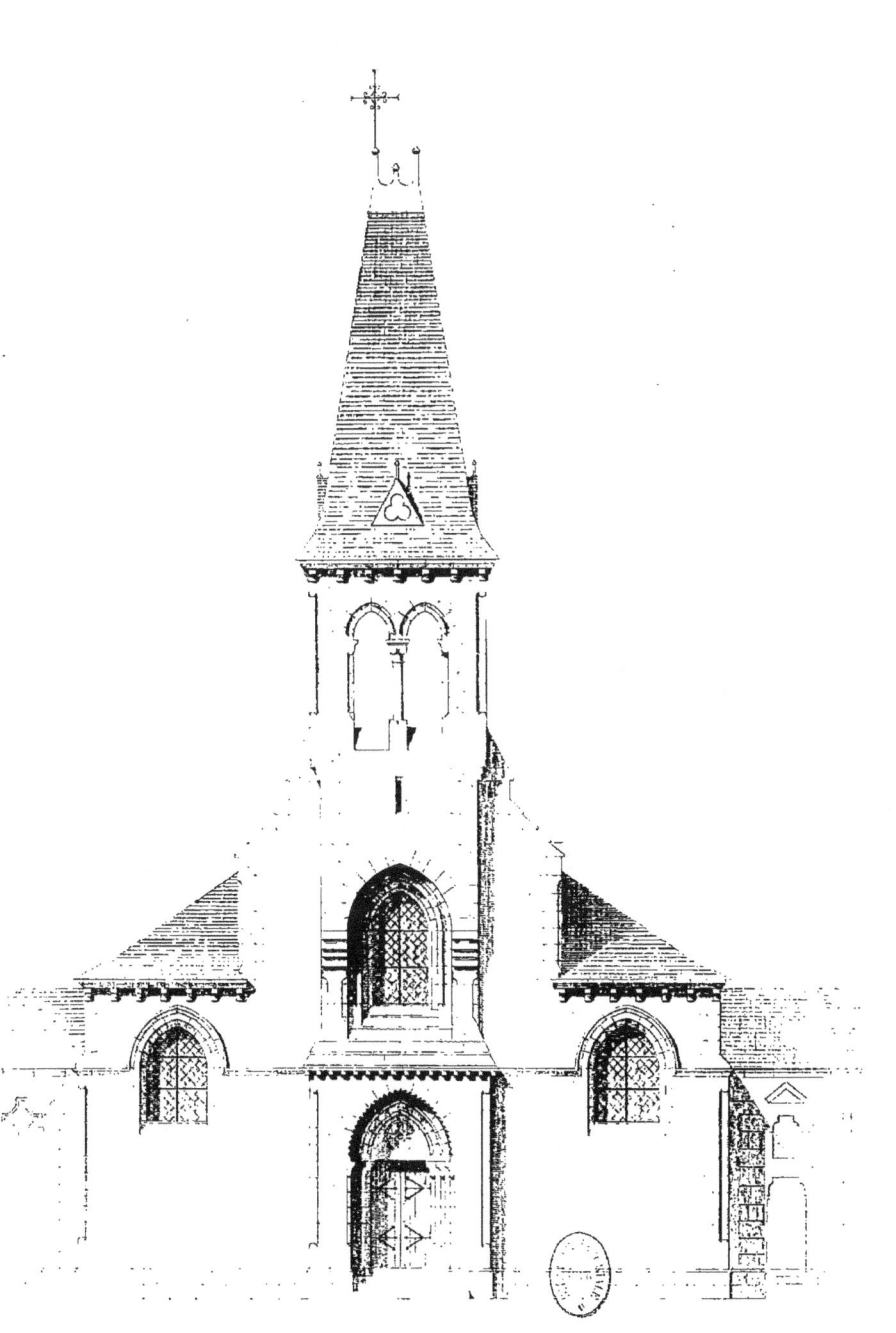

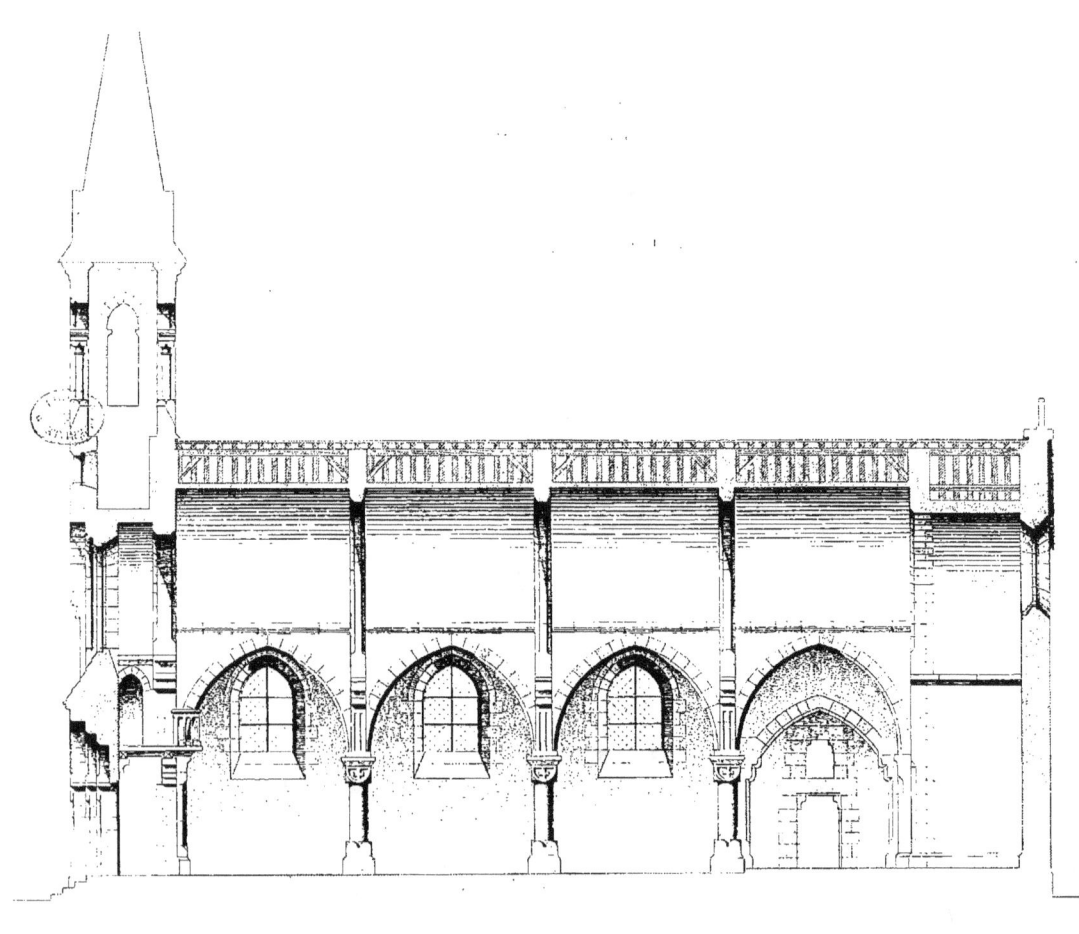

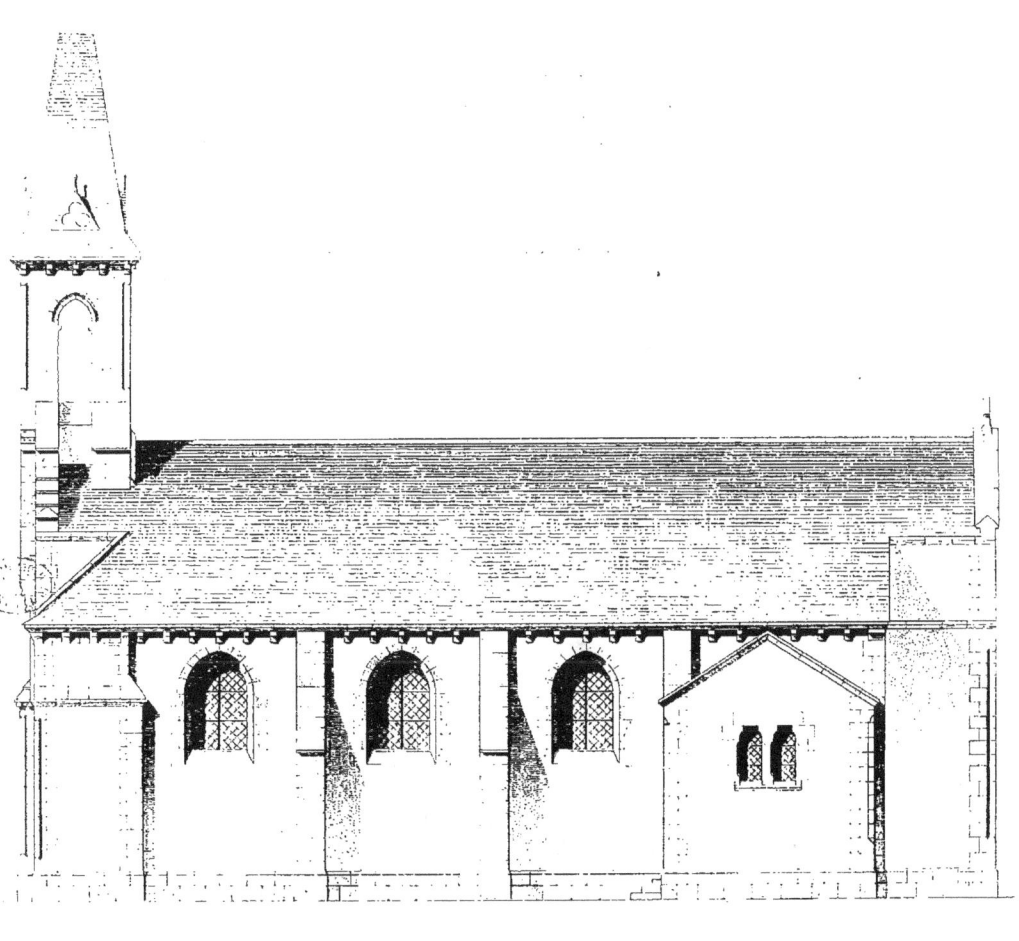

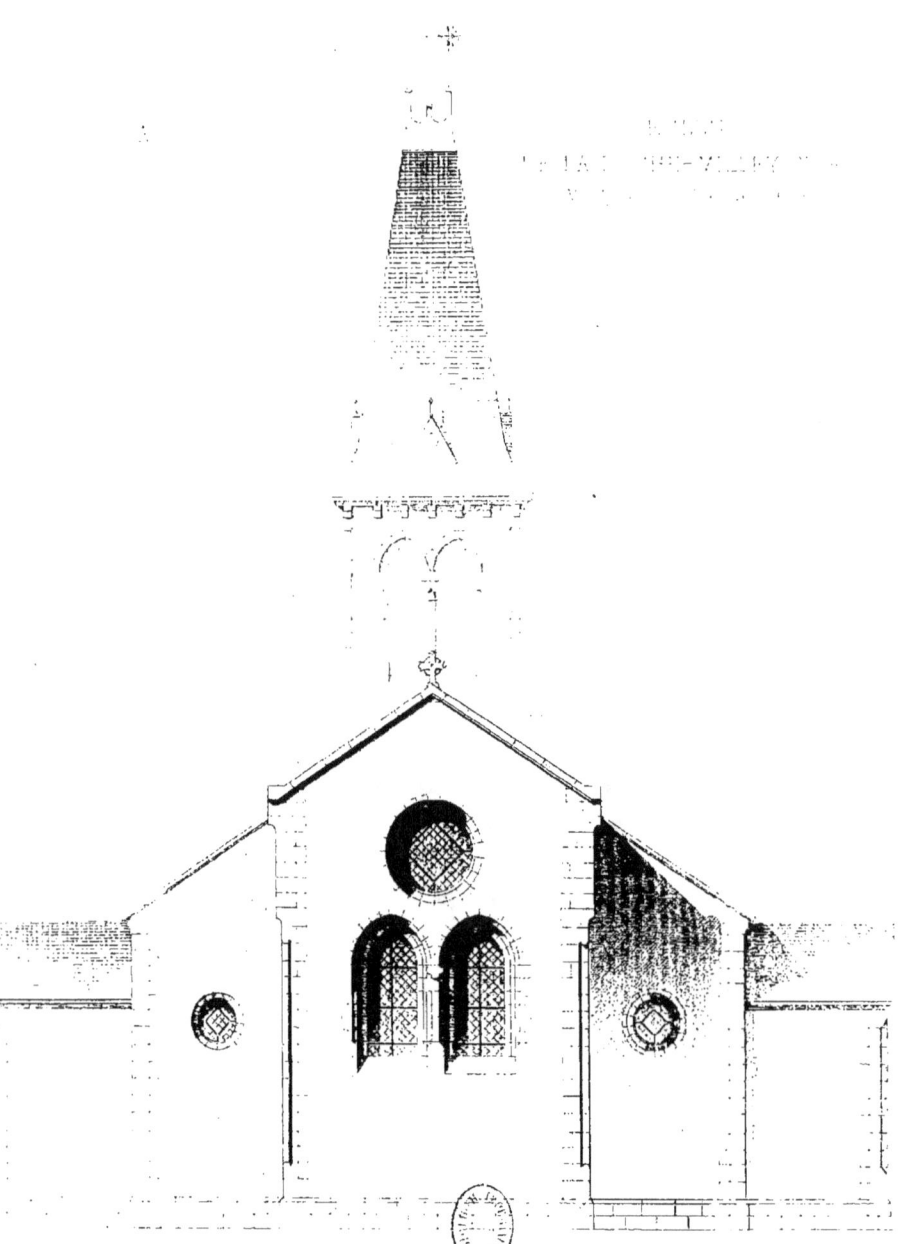

ÉGLISE DE SAINT-JEAN-AUX-BOIS

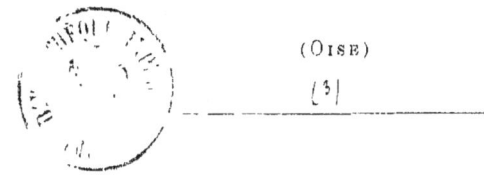

(Oise)

De l'importante abbaye de Saint-Jean-aux-Bois, près Compiègne, il ne reste plus que la chapelle, charmante construction des premières années du XIIIe siècle, dont la commune fait aujourd'hui son église paroissiale. Cette chapelle était adossée aux bâtiments du couvent et mise en communication avec l'abbaye, soit par la porte donnant directement dans la nef, soit par la sacristie située le long du pignon du transept de droite. La porte donnant accès de l'extérieur est pratiquée dans le pignon opposé; quant à la partie antérieure de l'édifice, c'est-à-dire celle qu'on désigne généralement sous le nom de face principale, elle n'est percée d'aucune ouverture, contrairement aux données ordinaires. Ce parti pris a été la conséquence de la position relative occupée par la chapelle qui, construite après l'abbaye, a dû être subordonnée aux constructions élevées antérieurement. Quoi qu'il en soit d'ailleurs et à cette disposition près, la chapelle de Saint-Jean-aux-Bois répond parfaitement au programme de nos petites églises modernes, et peut être envisagée comme un type des plus intéressants et des plus complets; ajoutons que, chose rare, elle est arrivée jusqu'à nous dans un état de conservation aussi satisfaisant que possible. La conception générale de ce petit édifice est remarquable et se distingue par une extrême simplicité et beaucoup de grandeur; ce n'est pas la réduction d'une grande église, mais bien une chapelle dont le parti général convient admirablement aux dimensions adoptées; en un mot, c'est une œuvre tout à fait originale, bien complète, à laquelle il n'y a rien à ajouter, de laquelle il n'y a rien à retrancher. Comme structure, la combinaison des voûtes est ingénieuse, parfaitement en rapport avec les dispositions générales, et c'est grâce à leur tracé que chaque partie de l'édifice se dessine et se distingue d'une manière bien tranchée à l'extérieur comme à l'intérieur, sans qu'il en résulte un manque d'unité dans l'ensemble.

Nous ferons remarquer la disposition toute spéciale des transepts et la façon habile dont ils sont reliés à la nef ; au lieu de voûter chacun des bras à l'aide d'une voûte unique, le constructeur l'a divisée en deux travées au moyen d'une colonne placée suivant l'axe transversal ; ce parti, qui fournit un motif original d'un très-bel aspect, contribue singulièrement à donner à la conception générale un caractère d'unité saisissant en ce sens qu'ainsi divisé, le transept, au lieu de prendre la proportion lâche qu'il aurait eue sans ce pilier intermédiaire, s'harmonise admirablement avec les proportions élancées de la nef ; ajoutons d'ailleurs que cette disposition n'a pas seulement pour but de satisfaire l'œil, mais qu'elle est le résultat du système de construction adoptée. Voici comment : En jetant les yeux sur le plan, il est facile de voir que chaque travée de la nef est tracée sur plan barlong, tandis que celle qui forme la croisée est établie sur un carré parfait ; or cette dernière, atteignant un développement plus considérable que les autres, demandait une structure différente, exigeait, dans le système des voûtes sur cintres ou pierre, une précaution de plus. Pour répondre à cette obligation absolue d'une part, vu les grandes dimensions de la voûte, relative de l'autre, eu égard au moindre développement des travées de la nef, l'architecte a disposé transversalement un arc-doubleau intermédiaire qui vient soulager les arcs ogives du poids des remplissages en maçonnerie ; pour porter cet arc, il a établi la colonne et divisé les bras du transept par travées. Par ce moyen, en artiste de génie, en constructeur raisonneur, il a su tout à la fois répondre aux conditions d'aspect et de solidité. Conséquent avec lui-même, il a pris un parti analogue pour la dernière travée du chœur établie également sur plan carré, en ayant le soin de porter la retombée de l'arc intermédiaire sur un cul-de-lampe, et de ne pas placer extérieurement de contre-fort correspondant ; c'était encore très-logique puisque, d'une part, cet arc ne remplit qu'une fonction secondaire, et que de l'autre la poussée qu'il exerce est suffisamment contrebutée par le mur lui-même.

Bien d'autres points sont remarquables dans ce monument et pourraient être signalés, mais nous pensons en avoir assez dit pour intéresser nos lecteurs et appeler leur attention sur cette remarquable conception. Quiconque voudra examiner consciencieusement la chapelle de Saint-Jean-aux-Bois y trouvera un sérieux sujet d'étude et verra une fois de plus combien les constructions du moyen âge peuvent nous rendre de service, comment leurs grands principes toujours vrais, toujours applicables, peuvent nous apprendre à raisonner et nous servir de guide.

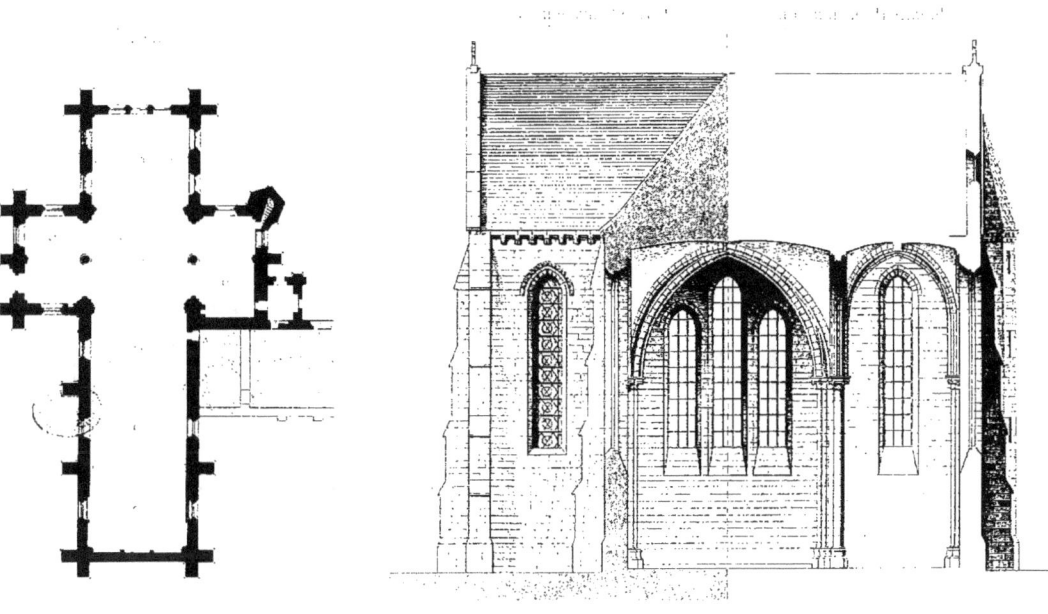

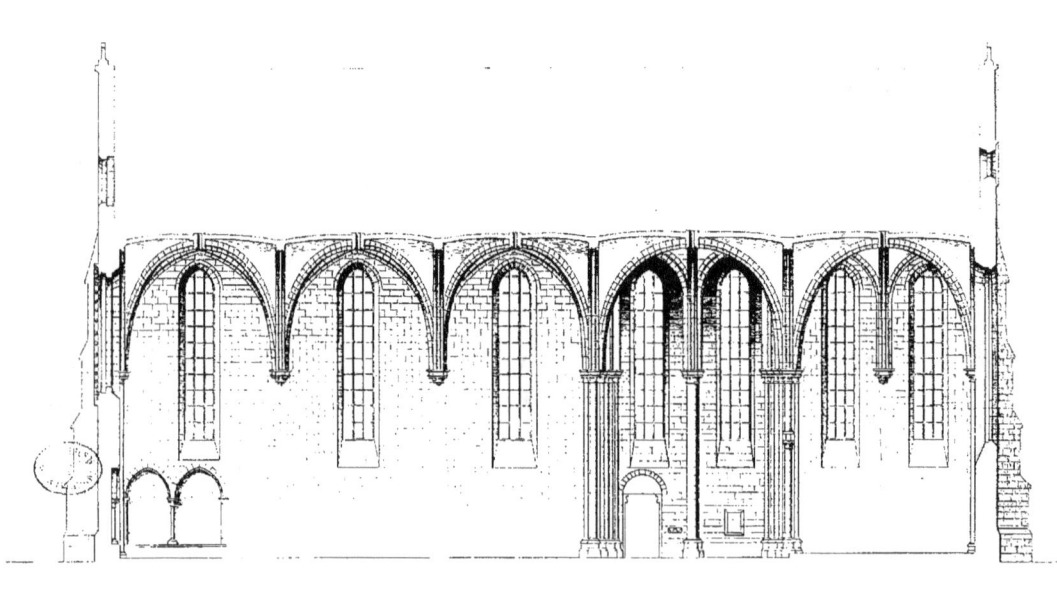

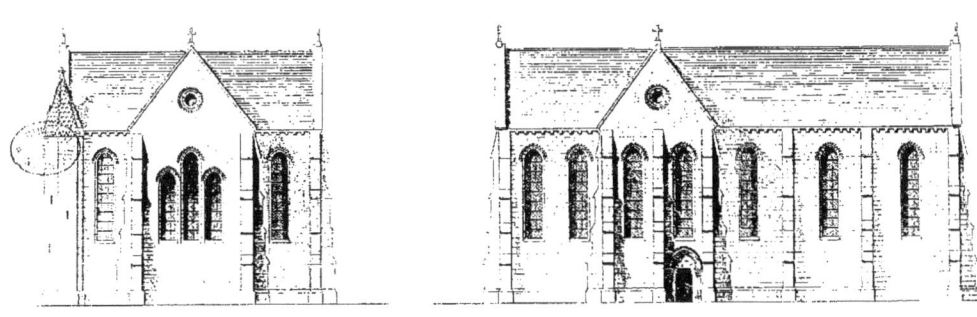

Le bourg de Champeaux, Seine-et-Marne, possède une grande et belle église qui mériterait à coup sûr d'être entièrement publiée, mais elle est trop considérable et présente d'ailleurs trop peu d'unité dans son ensemble pour qu'elle puisse faire, dans ce recueil, l'objet d'une monographie. Nous nous sommes donc borné à reproduire une travée détaillée de la nef, qui est du reste la portion la plus intéressante de l'édifice. Cette nef se compose d'une partie centrale divisée par travées carrées correspondant chacune à deux travées des collatéraux, également carrées elles-mêmes ; les voûtes supérieures sont construites sur arcs ogives avec arcs-doubleaux intermédiaires, celles basses sont tracées d'après le même principe mais construites sans arétiers. Cette disposition se rencontre assez fréquemment dans les édifices de la fin du douzième siècle et du commencement du treizième, mais on la trouve rarement aussi franchement accusée, aussi développée qu'à Champeaux. Ici le système est aussi logique que possible, les formes et les sections des points d'appui sont déterminées en raison de la fonction que chacun d'eux remplit par rapport aux voûtes ; aux arcs doubleaux principaux correspondent des colonnes cylindriques d'un diamètre relativement assez considérable, tandis qu'au droit des arcs intermédiaires sont placées de petites colonnettes accouplées, qui par leur finesse laissent aux piliers principaux toute l'importance de la fonction qu'ils remplissent ; quant aux arcs-boutants, ils sont placés aux points où s'exerce la poussée réelle des voûtes, c'est-à-dire au droit des arcs-doubleaux principaux et à la rencontre des arcs ogives. Les deux coupes transversales (l'une planche 1, l'autre planche 2) font comprendre cette disposition dans tout son développement ; la coupe longitudinale (planche 2) fait voir la composition architecturale de chaque travée et peut donner une idée de l'aspect monumental de cette partie de l'église ; les bas côtés étant d'une largeur assez considérable, le comble qui les recouvre occupe en élévation une hauteur importante, aussi restait-il entre les appuis des fenêtres supérieures et le sommet des archivoltes de la nef, un grand espace de mur qu'il fallait alléger à l'œil, et qu'il était nécessaire d'évider pour décharger d'autant les points d'appui inférieurs dont les sections sont en réalité assez faibles; le problème a été résolu à l'aide de grandes baies circulaires dont le diamètre prend toute la hauteur disponible sous le comble. Actuellement ces ouvertures sont bouchées par des cloisons en maçonnerie, mais il est facile de voir que ces remplissages sont de barbares adjonctions; bien certainement ces œils étaient occupés dans l'origine par des roses en forme de roues comme le sont les ouvertures pratiquées dans quelques travées des galeries supérieures de Notre-Dame de Paris; aussi les avons-nous restituées dans la coupe longitudinale. Ainsi restaurée, la nef de Champeaux fournit un des exemples les plus intéressants et les plus remarquables des constructions religieuses de la fin du douzième siècle.

Imprimerie L. Toinon et Cie, à Saint-Germain

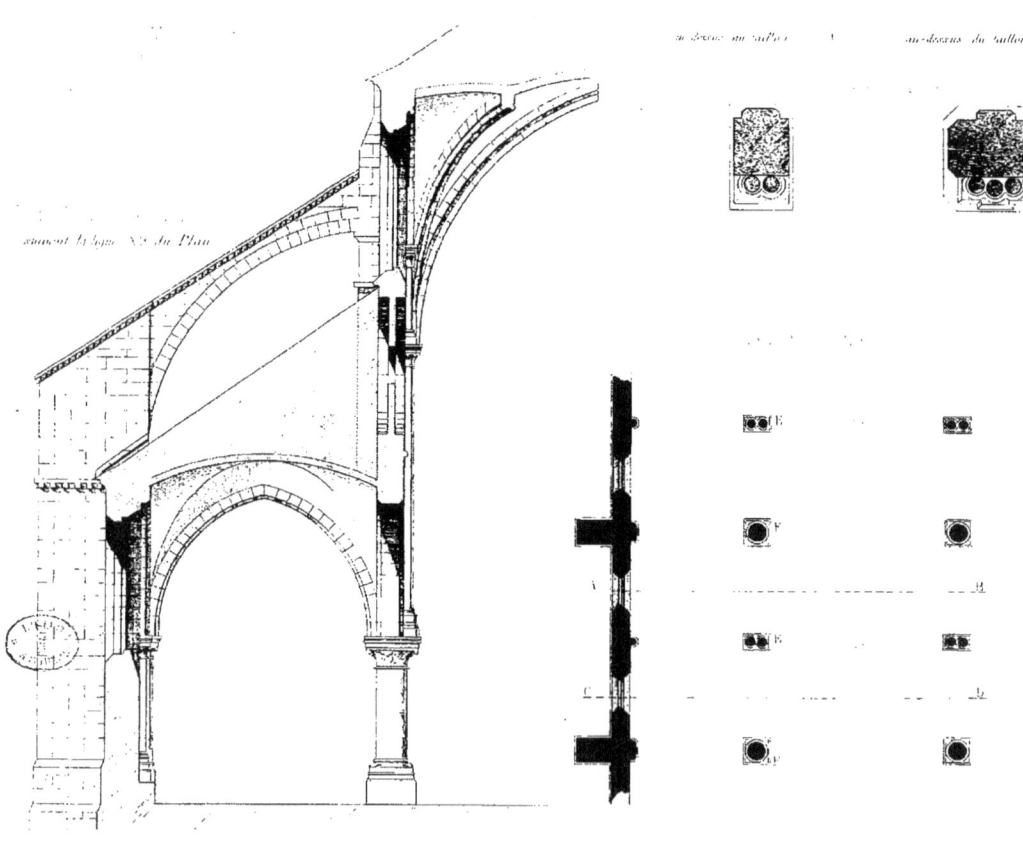

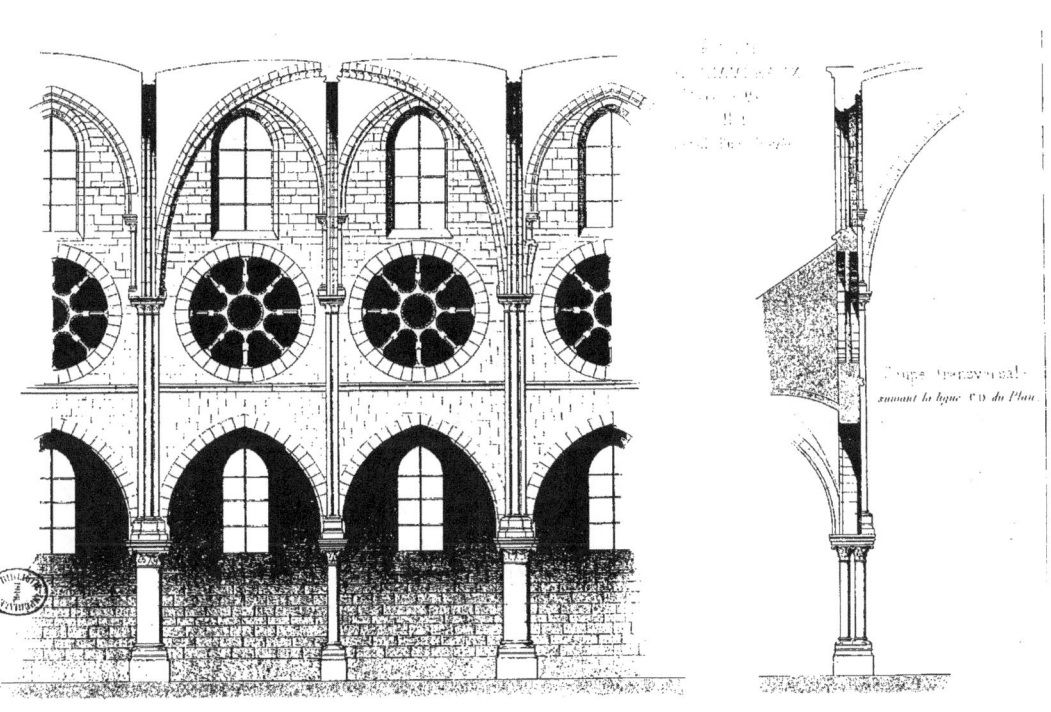

Coupe transversale
suivant la ligne C D du Plan

Échelle de [...] Mètres

ÉGLISES DE SERMAISES

(Loiret)

2 – 5

ET DE LOUVECIENNES

(Seine-et-Oise)

Nous avons déjà eu, dans le cours de cette publication, l'occasion de présenter des exemples d'églises dont les absides sont rectangulaires, et d'envisager les avantages qu'offre en général cette disposition. Voici deux nouveaux types qui, tout en ayant entre eux une certaine analogie, offrent deux partis différents et d'une grande originalité.

L'église de Sermaises (Loiret) est un édifice large et court, dont la nef principale est dépourvue de jours supérieurs; peu élevée au-dessus des bas côtés qui prennent un grand développement en hauteur, cette nef est cependant très-bien éclairée par les ouvertures des pignons de la nef et de l'abside; on voit d'ailleurs que l'architecte s'est préoccupé tout particulièrement de la lumière et il a réussi en éclairant très-largement les collatéraux au moyen de deux grandes baies jumelles par travée. L'intérieur de cette église est séduisant de proportion et offre un aspect qui n'est pas ordinaire. L'extérieur est également très-heureusement étudié et élégant malgré la réunion des trois nefs sous un même comble, parti qui donne forcément une proportion trapue aux pignons; celui de l'abside, encore parfaitement conservé, est tel que le représente la gravure pl. 2. Celui de la façade a été restauré et ne présente pas le même caractère.

Cette disposition qui consiste à couvrir les trois nefs par un même comble, est très-économique en ce sens que la couverture elle-même est simple, et que d'autre part les murs goutterots, les chéneaux, les filets, les ouvertures supérieures sont évités. De plus, et c'est là l'important, les voûtes hautes sont directement épaulées par celles inférieures sans le secours d'arcs-boutants ou d'autres moyens dispendieux.

Indépendamment de son caractère architectural, l'église de Sermaises possède les avantages que nous venons de signaler et peut être considérée comme un bon exemple, malgré la naïveté peut-être trop grande avec laquelle la charpente du comble est disposée. C'était bien le cas d'éviter les fermes et de les remplacer par des pignons en maçonnerie, montés sur les arcs-doubleaux des bas côtés, au lieu d'établir des fermes franchissant toute la portée et s'appuyant gauchement sur les murs goutterots.

L'église de Louveciennes ne présente plus aujourd'hui un ensemble satisfaisant ; de la construction primitive, il ne reste que l'abside dont nous présentons la dernière travée. Moins intéressante au point de vue de l'ensemble que l'abside de Sermaises, celle de Louveciennes offre plus d'intérêt sous le rapport de l'étude ; ainsi à l'intérieur comme à l'extérieur les ouvertures du pignon sont mieux proportionnées, les détails sont généralement plus fins. La coupe longitudinale, pl. 5, fait comprendre la façon dont la voûte supérieure est éclairée, à l'aide de roses ouvertes au-dessus des combles des collatéraux, ainsi que la disposition du triforium ; celui-ci communique à ses deux extrémités avec une plate forme prise aux dépens du mur pignon et qui permet d'accéder intérieurement à la rose principale. Le parti général de cette église est assez fréquent dans les monuments des environs de Paris ; il est très-ingénieux, relativement économique et présente tous les avantages d'un système de construction bien franc. Nous aurons prochainement l'occasion d'en fournir d'autres exemples plus complets que celui-ci.

NOTA. — Nous devons une partie des relevés qui nous ont servi à dessiner ces deux monographies à l'obligeance de M. Narjoux, architecte.

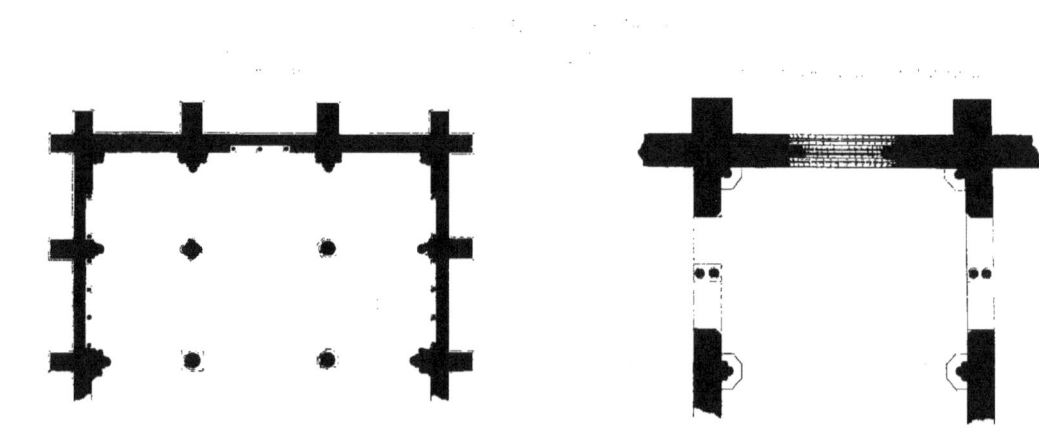

ÉGLISE DE COUVERTOIRADE.

Plan d'une travée au niveau du triforium

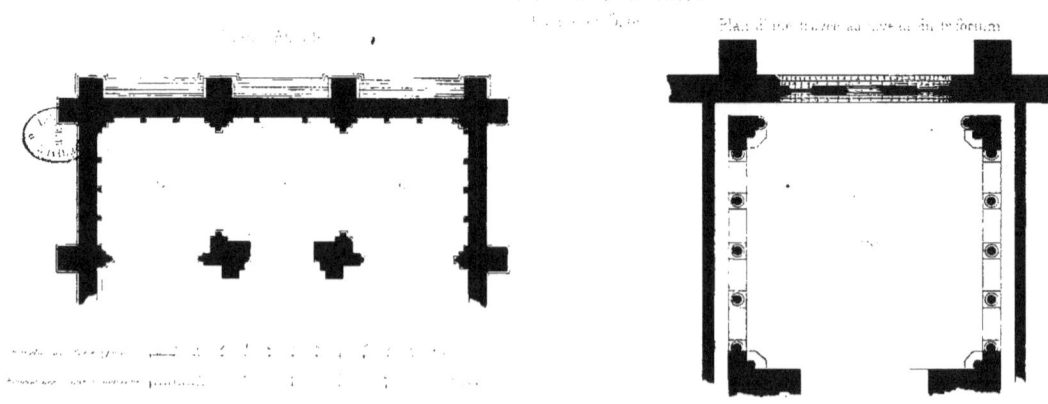

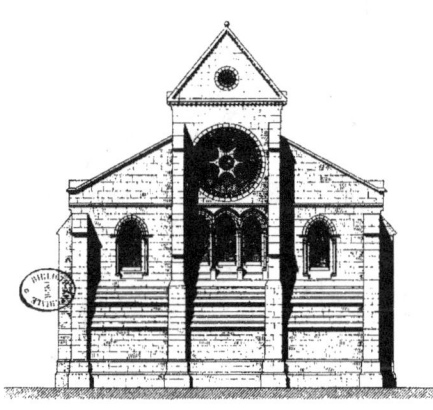 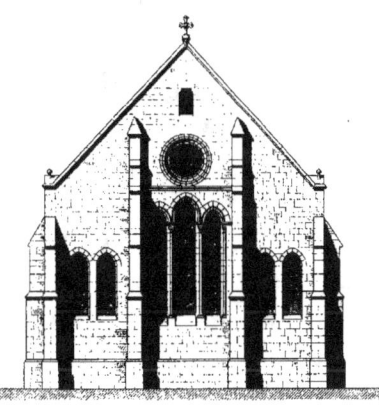

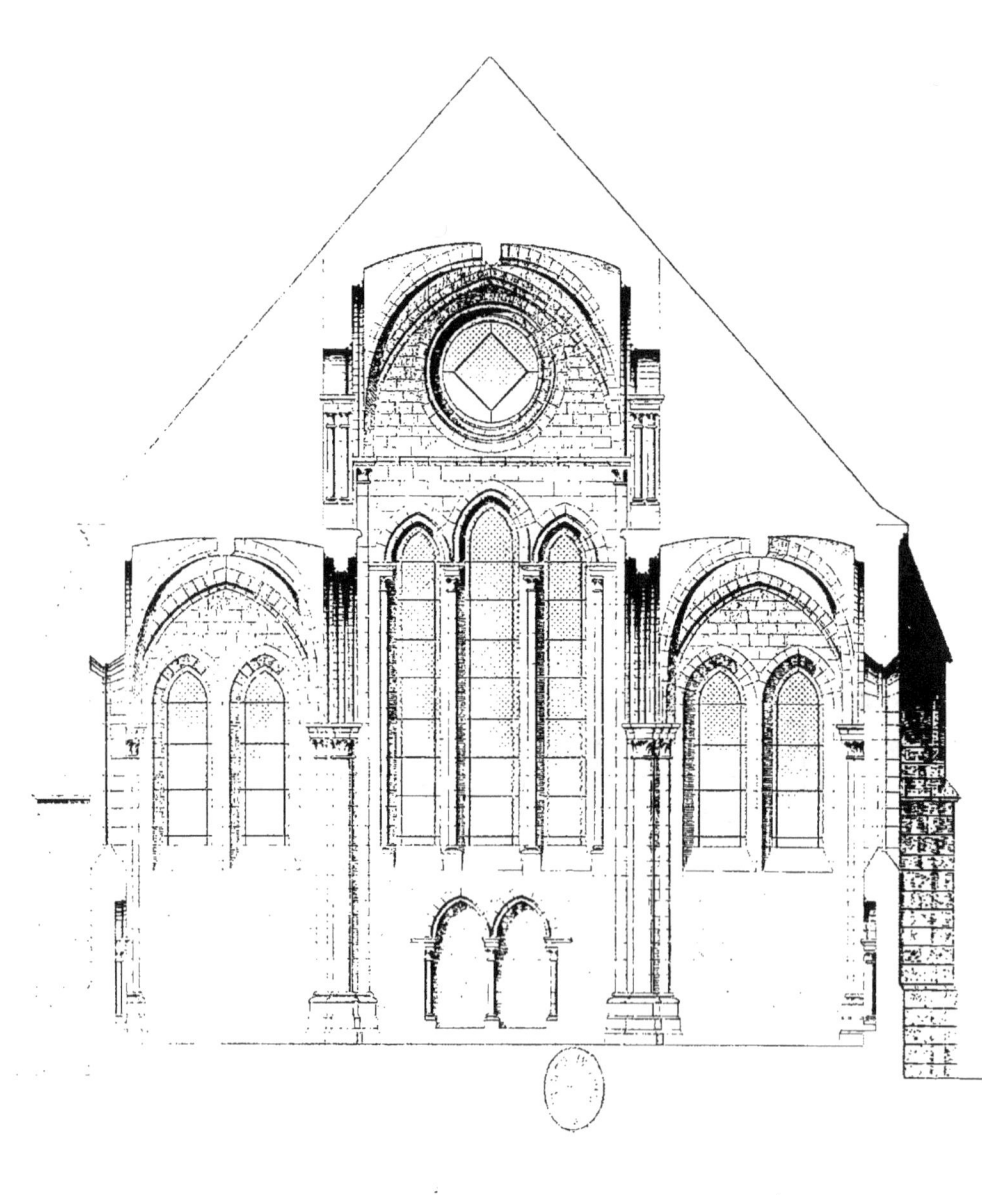

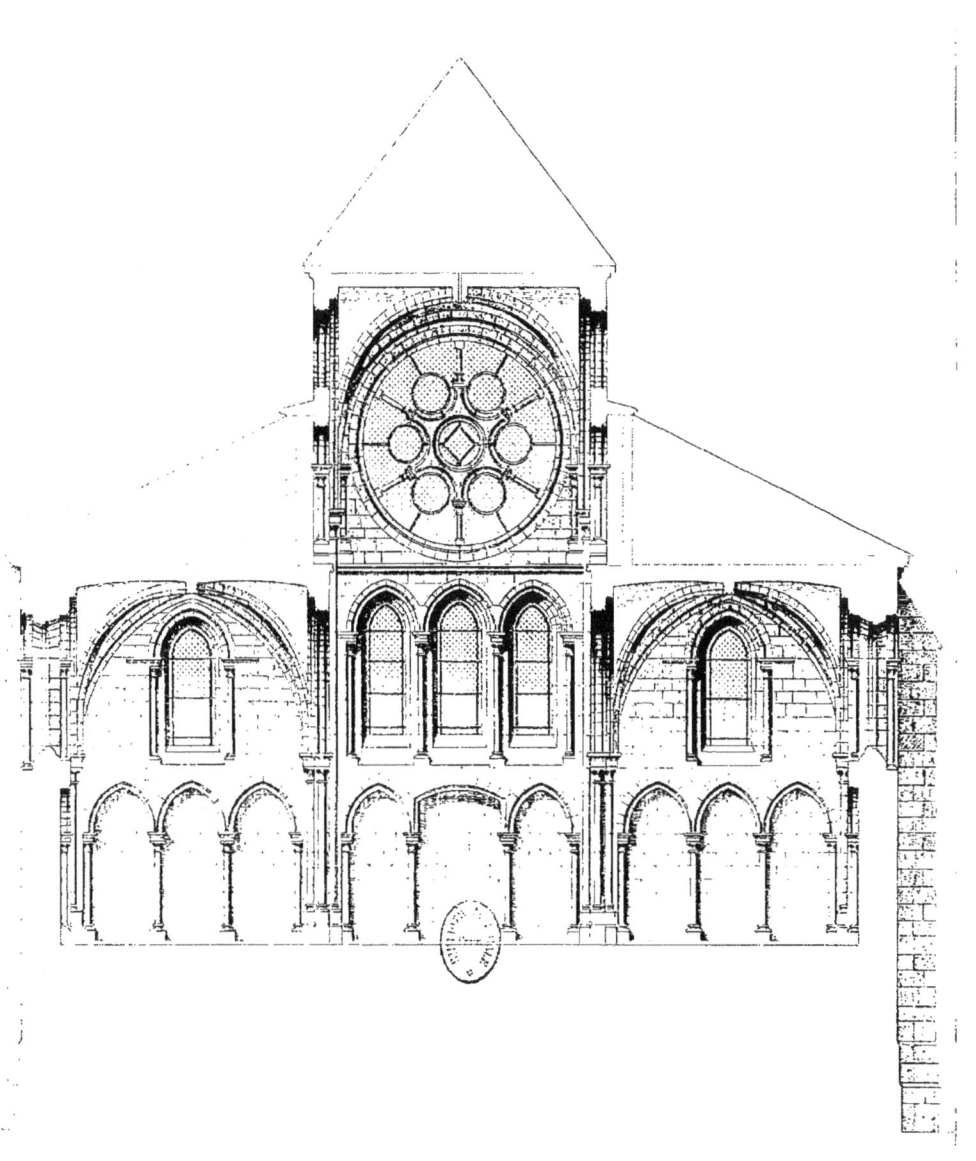

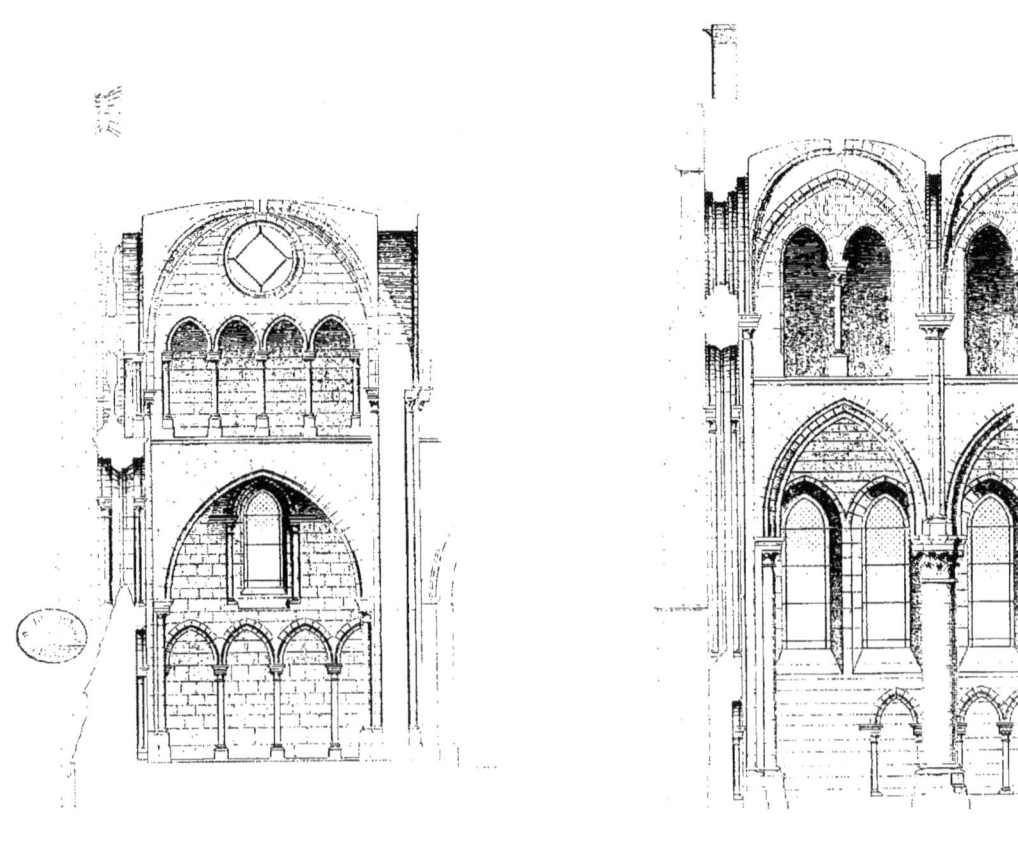

ÉGLISES DE FERRIÈRES

(Seine-et-Marne)

ET DE SAINT-LUMIER

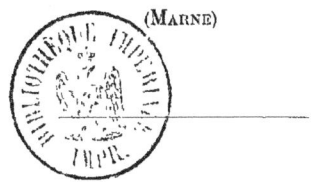

(Marne)

Parmi les petits édifices religieux de l'Ile-de-France et particulièrement de Seine-et-Marne, celle de Ferrières [1] peut être considérée comme un excellent exemple d'église composée d'une nef principale éclairée directement, flanquée de collatéraux, et bâtie sans le secours d'arcs-boutants. Comme nous avons déjà signalé les avantages que présente le parti des roses et que nous aurons l'occasion d'y revenir à propos de l'église de Jouy-le-Moutier (Seine-et-Oise), le type le plus complet et le mieux étudié que nous connaissions dans cet ordre d'idées, nous ne croyons pas nécessaire de nous étendre à cet égard à propos de Ferrières : nous nous contenterons de renvoyer nos lecteurs aux planches ci-jointes. Mais nous appellerons leur attention sur la disposition toute particulière que présente l'abside ; ce qui donne à cette partie de l'église un caractère d'originalité, ce sont la forme qu'affecte chacune des chapelles situées aux extrémités des collatéraux, et la façon dont chacune d'elles se rattache d'une part au chœur, de l'autre aux bas côtés ; non-seulement chaque chapelle se distingue et s'accuse nettement, mais encore s'élargit en dehors de l'alignement des murs de façon à offrir plus de développement à l'intérieur ; en un mot, dans cette spirituelle combinaison on trouve résolue la double question qui répond à la nécessité et à l'aspect, c'est-à-dire la solution sincère du problème architectural posé.

---

[1] Voir pour l'église de Ferrières les Monuments de Seine-et-Marne, publiés par MM. Aufaure et Fichot. Ce édifice a été restauré d'une façon remarquable par M. Millet, architecte.

L'abside de l'église de Saint-Lumier est loin d'avoir la même valeur au point de vue de l'art; plus séduisante peut-être, grâce à des détails plus riches et d'ailleurs bien étudiés, elle ne présente pas une disposition générale aussi heureuse; il y a dans l'ensemble de ce tracé trop de complication et d'embarras; c'est là un parti qui conviendrait à un monument de dimensions plus grandes, mais qui n'est pas à l'échelle de ce petit édifice. Ce défaut très-considérable mis à part, cette abside mérite d'être étudiée en ce sens que, simplifiée et reportée à une plus grande échelle, elle fournit une disposition originale; la combinaison des voûtes est ingénieuse et bien comprise en raison de la configuration du plan. En avant du chœur se trouve le clocher, qui est flanqué latéralement de deux petits transepts indiqués sur les planches; le reste de l'édifice, qui n'offre pas d'intérêt, n'y a pas été figuré.

401. — Imprimerie L. Toinon et Cⁱᵉ, à Saint-Germain.

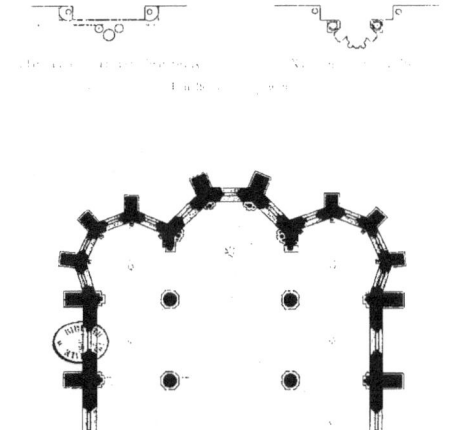

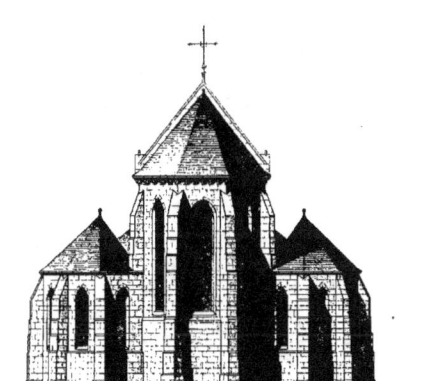

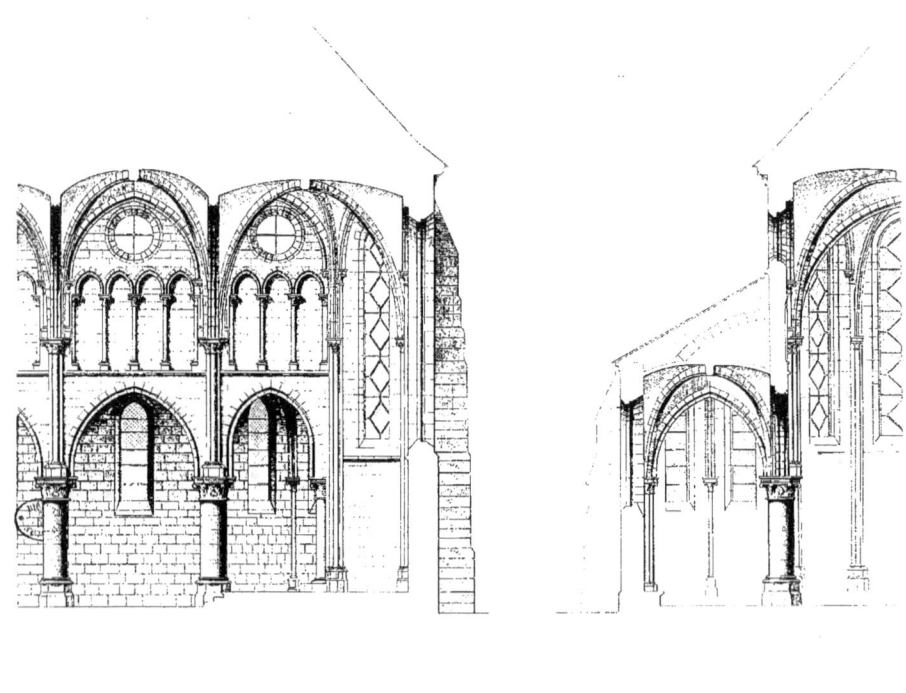

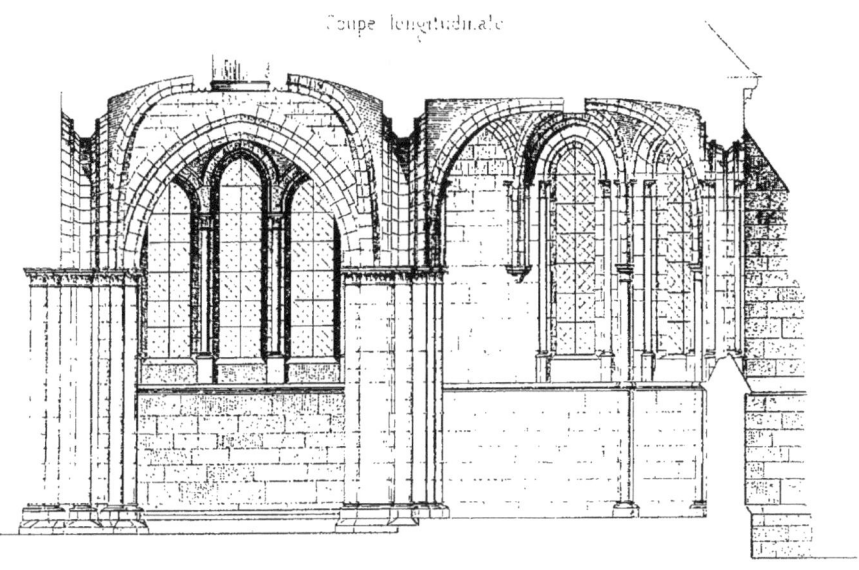

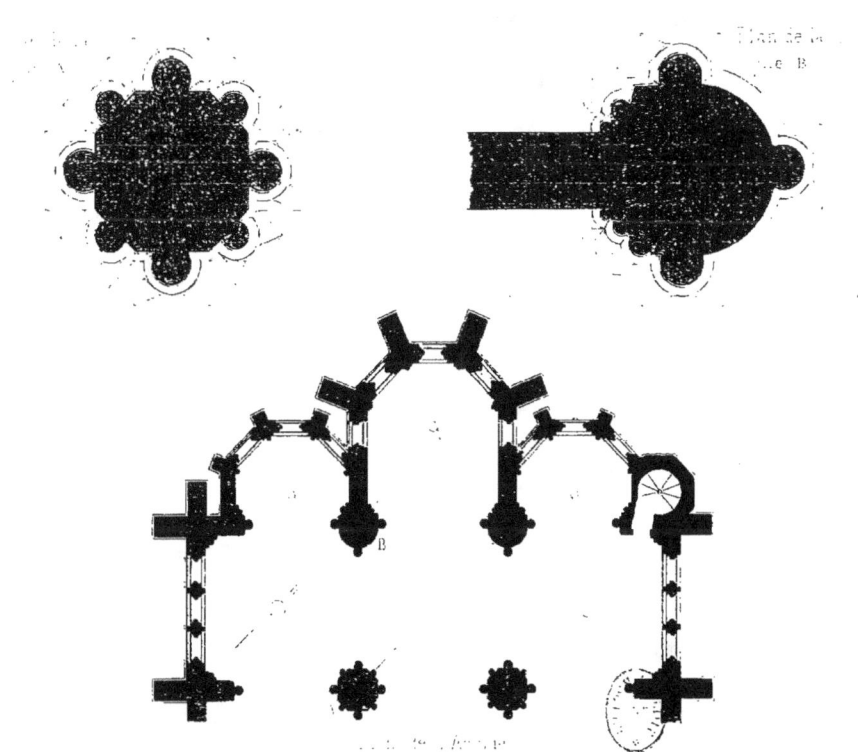

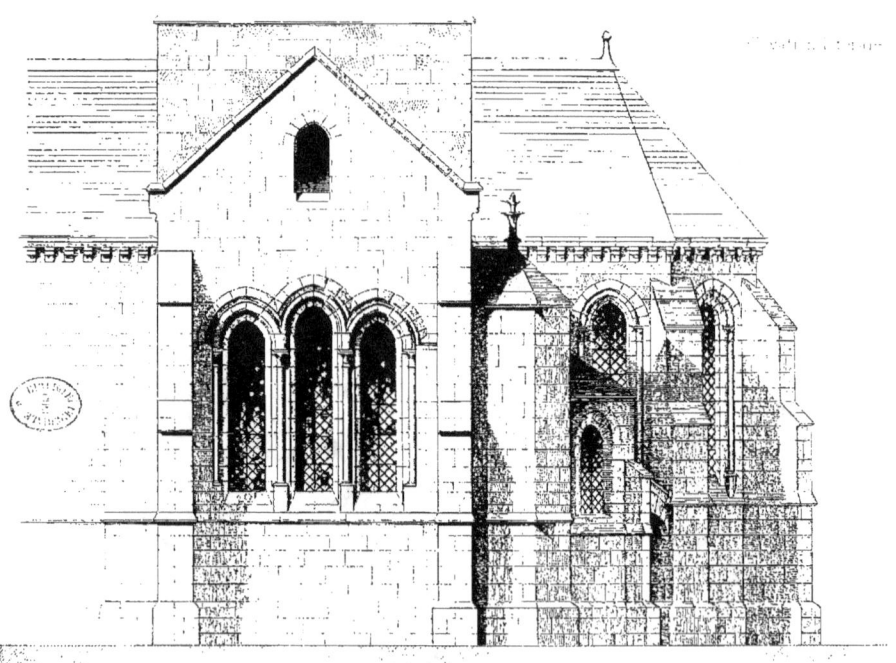

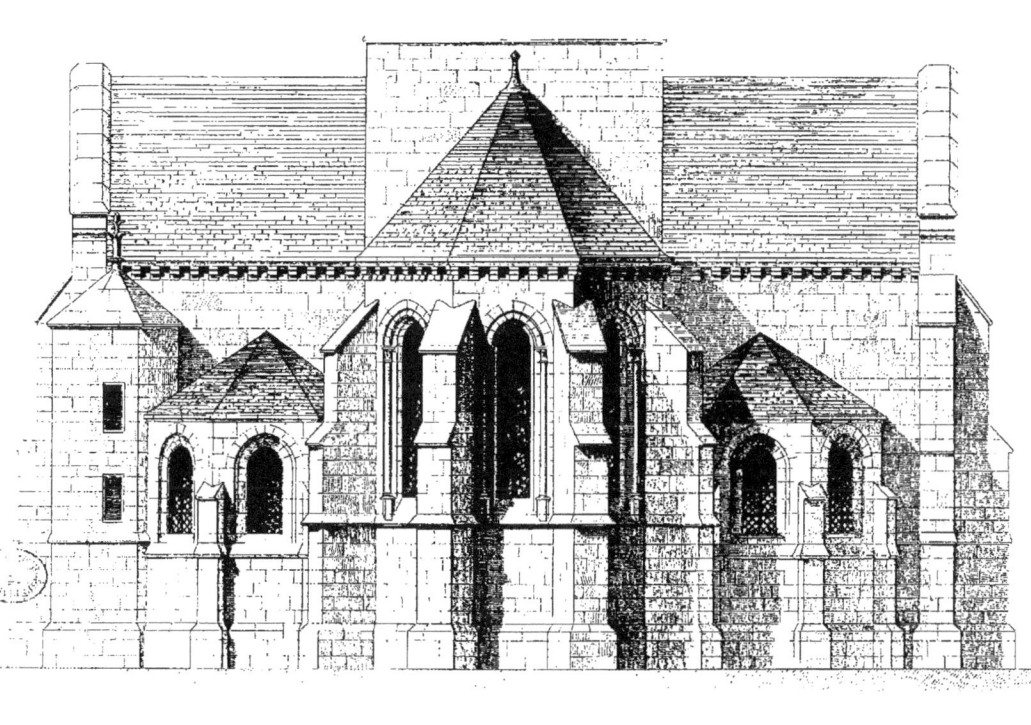

CLOCHERS

D'AUTEUIL (Seine), D'ATHIS-MONS,

DE CONFLANS SAINTE-HONORINE, DE BOUGIVAL, DE LIMAY,

D'ORGEVAL ET DE THIVERVAL (Seine-et-Oise).

Dans la conception des clochers, les constructeurs romans et gothiques ont su trouver les dispositions les plus ingénieuses, et souvent des formes très-heureuses ; ils ont observé finement les effets produits par les objets se détachant sur le ciel, et déjà, à la fin du XIIe siècle, ils étaient arrivés à des résultats étonnants. Le plus généralement, les clochers sont de section rectangulaire ; souvent le plan présente un carré parfait, parfois il est barlong. La forme allongée s'explique surtout lorsqu'il s'agit du clocher d'une modeste église qui n'est appelé à renfermer qu'une ou deux cloches au plus ; il est clair, en effet, que dans ce cas il faut plus d'étendue dans le sens de la volée des cloches que dans l'autre sens, et que, si l'étage du beffroi est carré, une partie en devient superflue ; cette raison est à considérer non-seulement au point de vue économique, mais encore en ce qui touche le mode d'expression artistique.

Quelquefois la différence des deux côtés du rectangle est très-sensible, et alors nettement accusée dans la partie supérieure du clocher ; souvent, au contraire, elle est moins prononcée et ne se fait pas sentir à l'extérieur. Nous avons trouvé souvent jusqu'à 60 à 80 cent. de différence dans la partie rectangulaire du clocher sans qu'elle soit sensible pour l'œil dans le développement de la flèche (nous n'indiquons ce fait qu'à titre de renseignement et non comme exemple à suivre).

On rencontre quelques flèches en charpente recouvertes d'ardoises, mais généralement elles sont exécutées en pierre ; parfois elles prennent la forme de pyramides triangulaires, le plus souvent elles sont octogonales et accompagnées à leur base de pyramidions rachetant la forme carrée du clocher et faisant contrepoids au-dessus des trompes d'angle. C'est surtout dans l'établissement de ces flèches que les architectes du moyen âge se sont montrés habiles constructeurs et artistes consommés. L'épaisseur des murs d'un clocher diminue brusquement à la partie inférieure de l'étage au beffroi ; la retraite fournie par l'empatement sert à poser le beffroi qui très-souvent s'appuie, indépendamment de cette saillie, sur des corbeaux placés en encorbellement de distance en distance. La plus forte épaisseur des murs en contrebas de cet étage a pour but de porter la charge de la charpente du beffroi et de renforcer les murs au point où s'exerce l'action des cloches mises en branle. Au sommet des parties verticales, les murs ont habituellement, pour des clochers de 4 à 5 mètres dans œuvre, une épaisseur de 0^m 70 ; le parement intérieur et prolongé jusqu'à la rencontre de la ligne inclinée de la flèche dont l'épaisseur, à partir de ce point, est de 0^m 20 à 0^m 25 au plus ; souvent, cette épaisseur est réduite à 0^{m}16. Ces flèches sont toujours construites par assises horizontales et non pas par assises portant coupes normales à la pente. Cette dernière disposition employée dans ces derniers temps par quelques innovateurs maladroits, est vicieuse en ce sens qu'une pyramide bien appareillée agit comme une voûte et nécessite, par conséquent, des murs inutilement épais ; des assises à lits horizontaux, au contraire, ne chargent les murs que d'un poids vertical. Généralement très-simples, ces flèches doivent tout l'effet qu'elles produisent à leurs formes générales et aux proportions qu'elles prennent par rapport aux parties inférieures qu'elles surmontent, ainsi qu'aux détails et aux profils presque toujours bien traités en raison de la place qu'ils occupent et de la hauteur à laquelle ils sont placés pour l'œil. D'abord lourds et trapus, les clochers se développent et s'élancent, les flèches deviennent plus aiguës, les détails plus fins ; déjà à Limay (planche 5), cette tendance se manifeste d'une façon très-marquée : on y voit la préoccupation de marier plus intimement la flèche avec le corps du clocher ; dans ce but, des lucarnes sont placées dans les axes, les pyramidions prennent plus d'importance comme section, et s'élèvent davantage. Néanmoins ce clocher a encore quelque chose de primitif, et il est loin de posséder toute l'élégance et la pureté de celui de Vernouillet, que nous avons publié précédemment, et qui peut être considéré comme un type (voir livraison 22, planche 3).

Les exemples de clochers à base polygonale sont plus rares ; cette forme rend difficile l'établissement des beffrois qui, autant par simplicité que par nécessité de construction, doivent être rectangulaires ; aussi, pour cette raison, conçoit-on que cette disposition n'ait pas été très-usitée. Comme preuve à l'appui, on remarquera d'ailleurs que bien des clochers à pans coupés se sont déformés dans la hauteur des étages de beffroi. Pour obvier à cet inconvénient que les constructeurs du moyen âge avaient bien prévu, ils établissaient souvent des chaînages destinés à maintenir les murs ; le clocher de Thiverval en présente un exemple très-ingénieux (voir planche 2, livraison 28). Ce chaînage en bois est posé intérieurement, au-dessus du sommet des baies, sur des corbeaux logés dans les angles et sur chacun desquels est pratiquée une entaille emboîtant les pièces de bois à leur rencontre ; un détail perspectif (même planche), donne le détail d'un de ces corbeaux. Ce clocher, dont la construction remonte aux premières années du XIIIe siècle, est recouvert d'une flèche en charpente plus moderne ; nous ne pensons pas, vu la faible section des angles, qu'il ait jamais été surmonté d'une flèche en pierre.

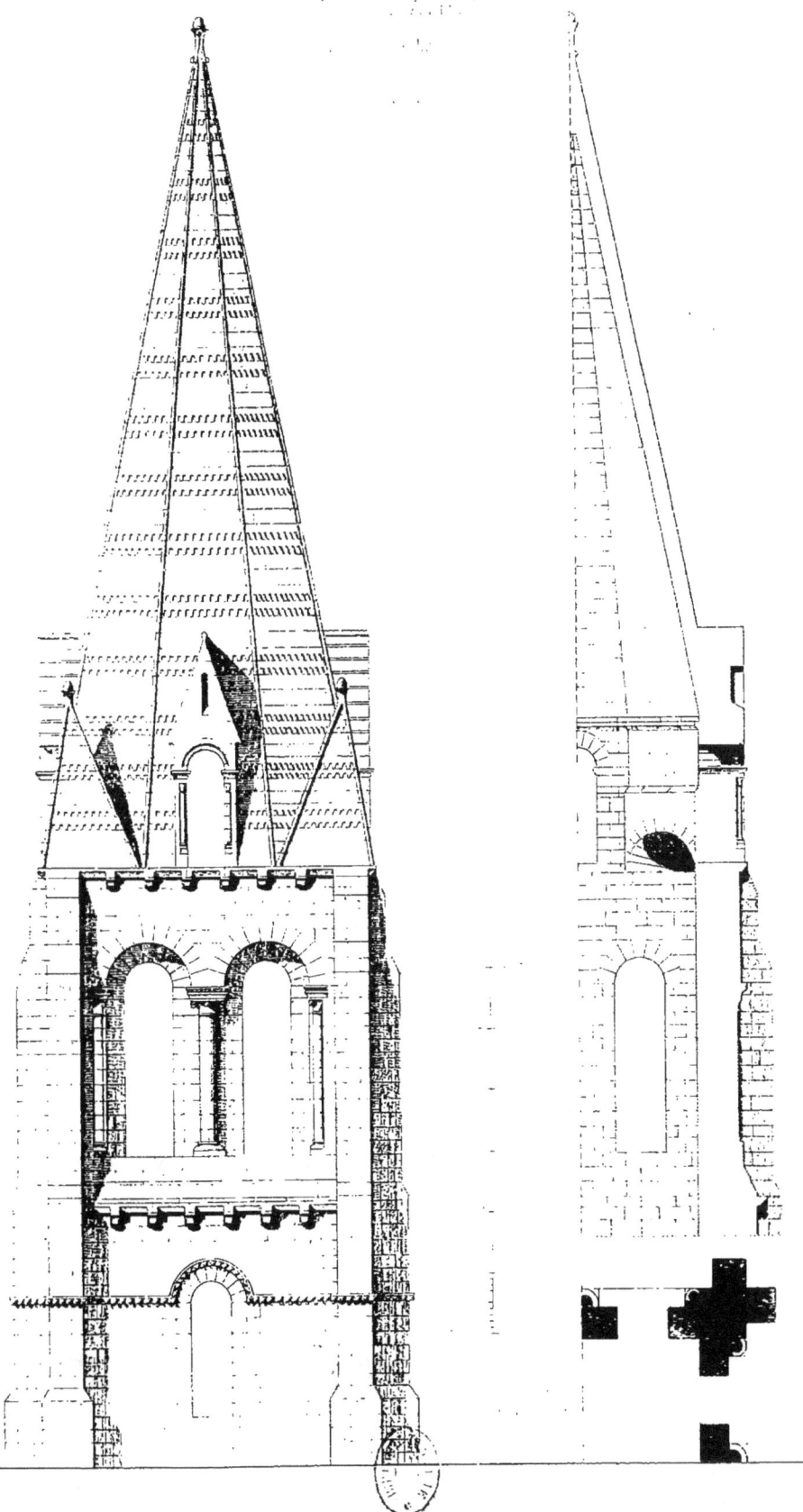

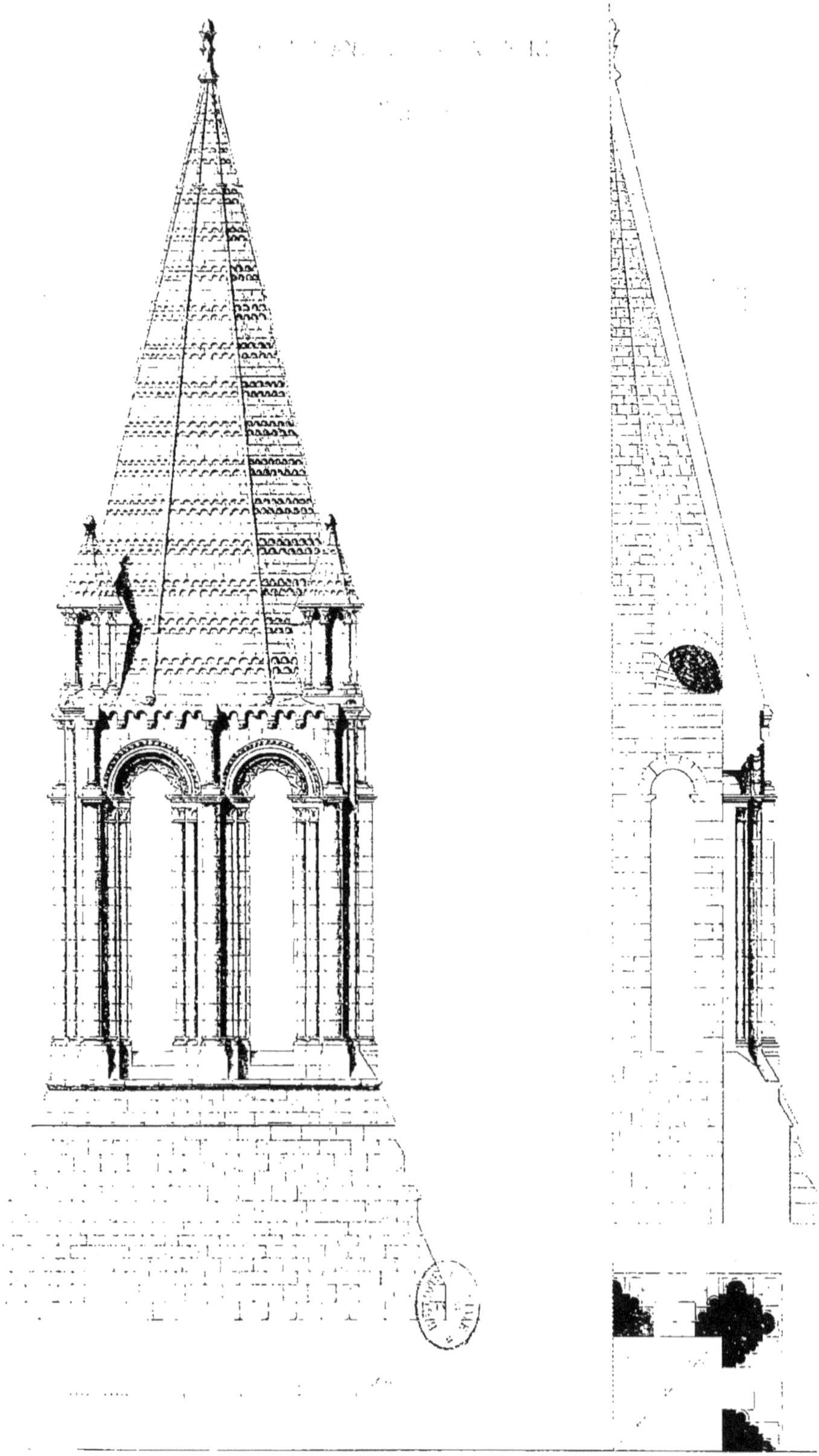

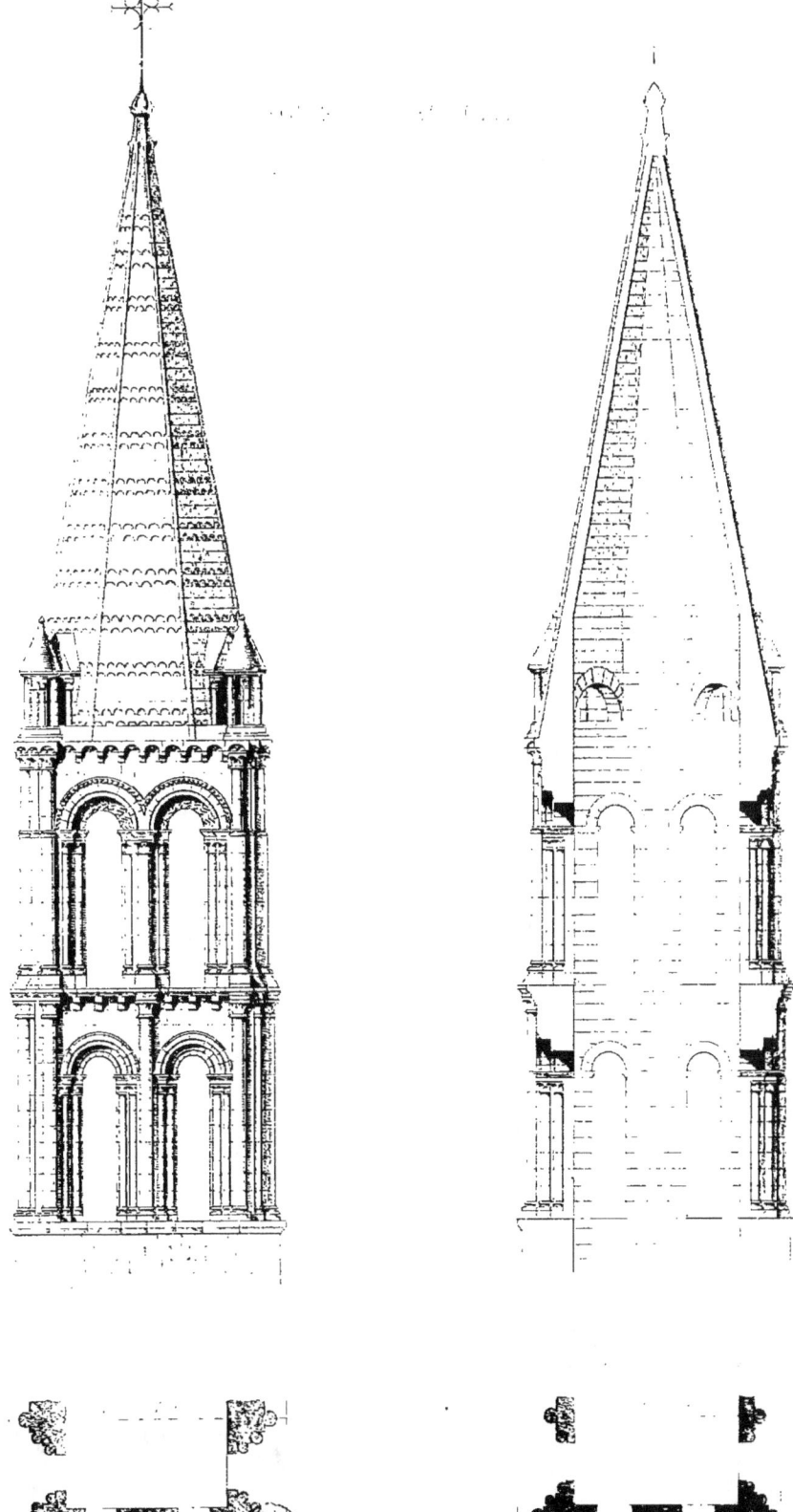

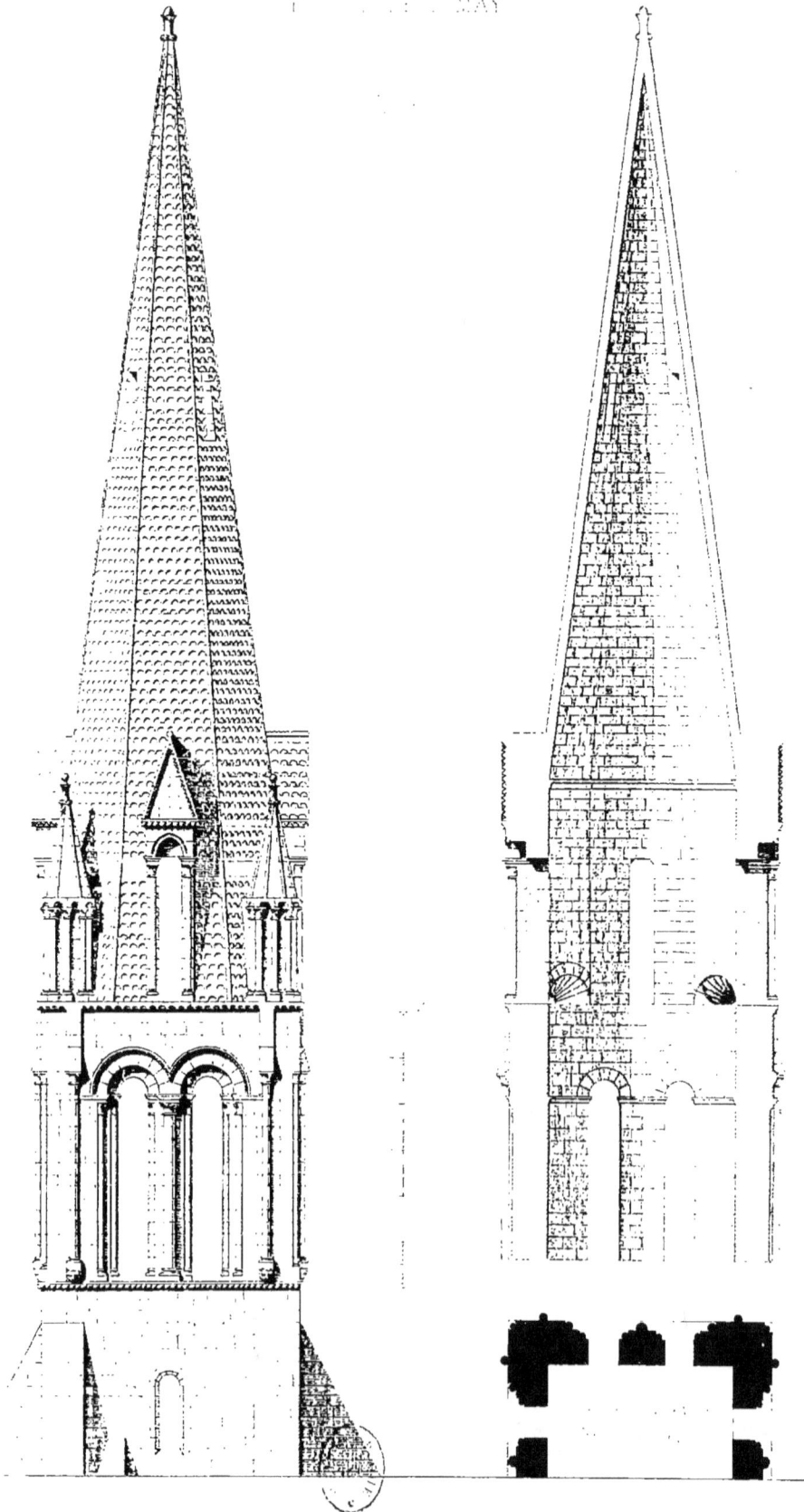

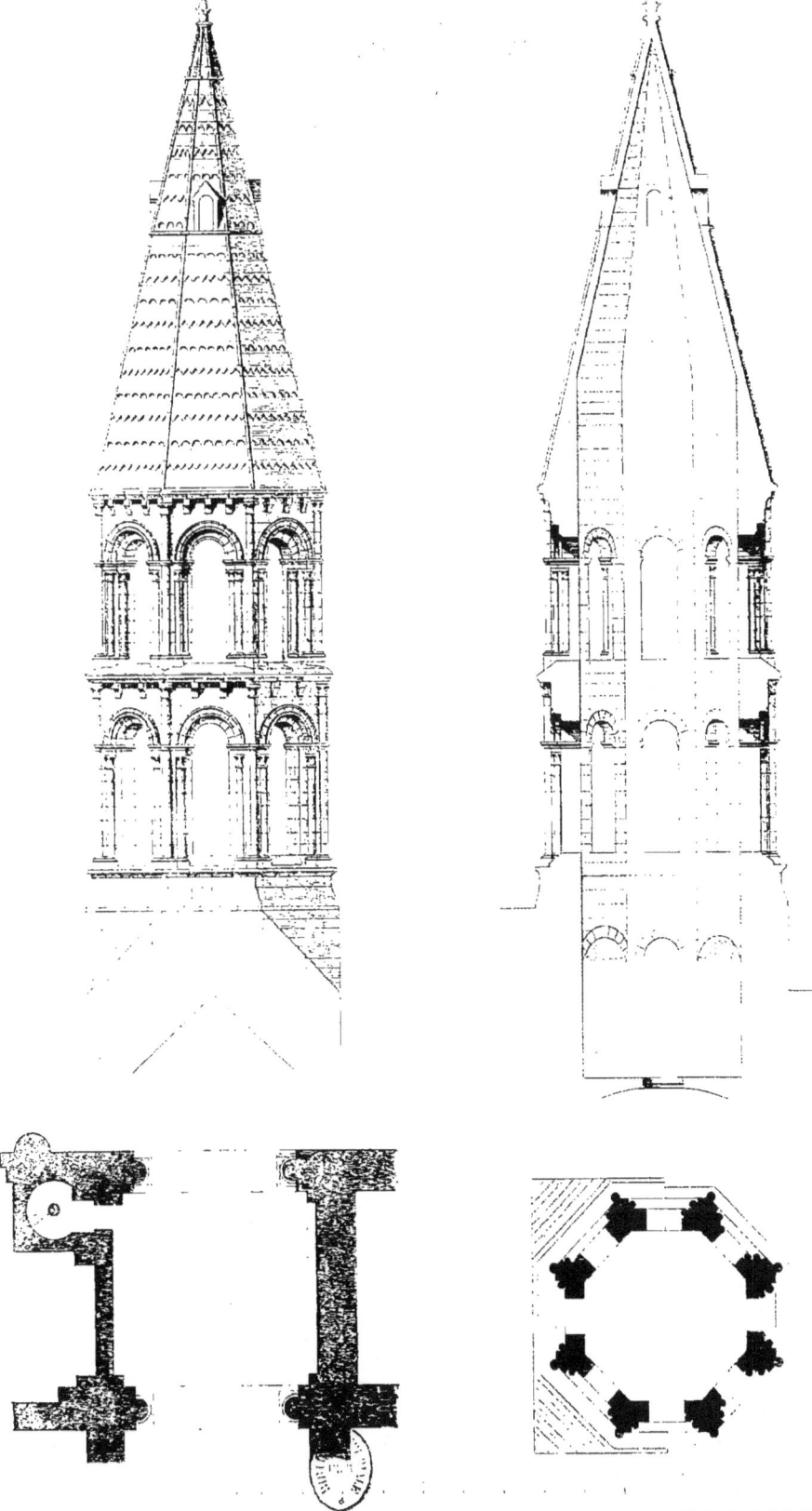

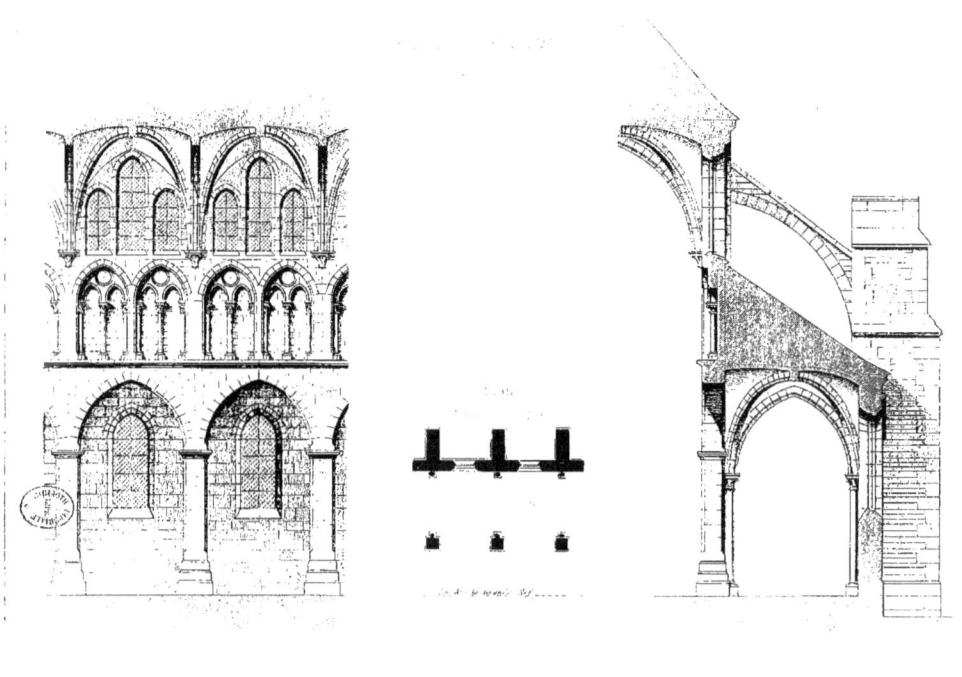

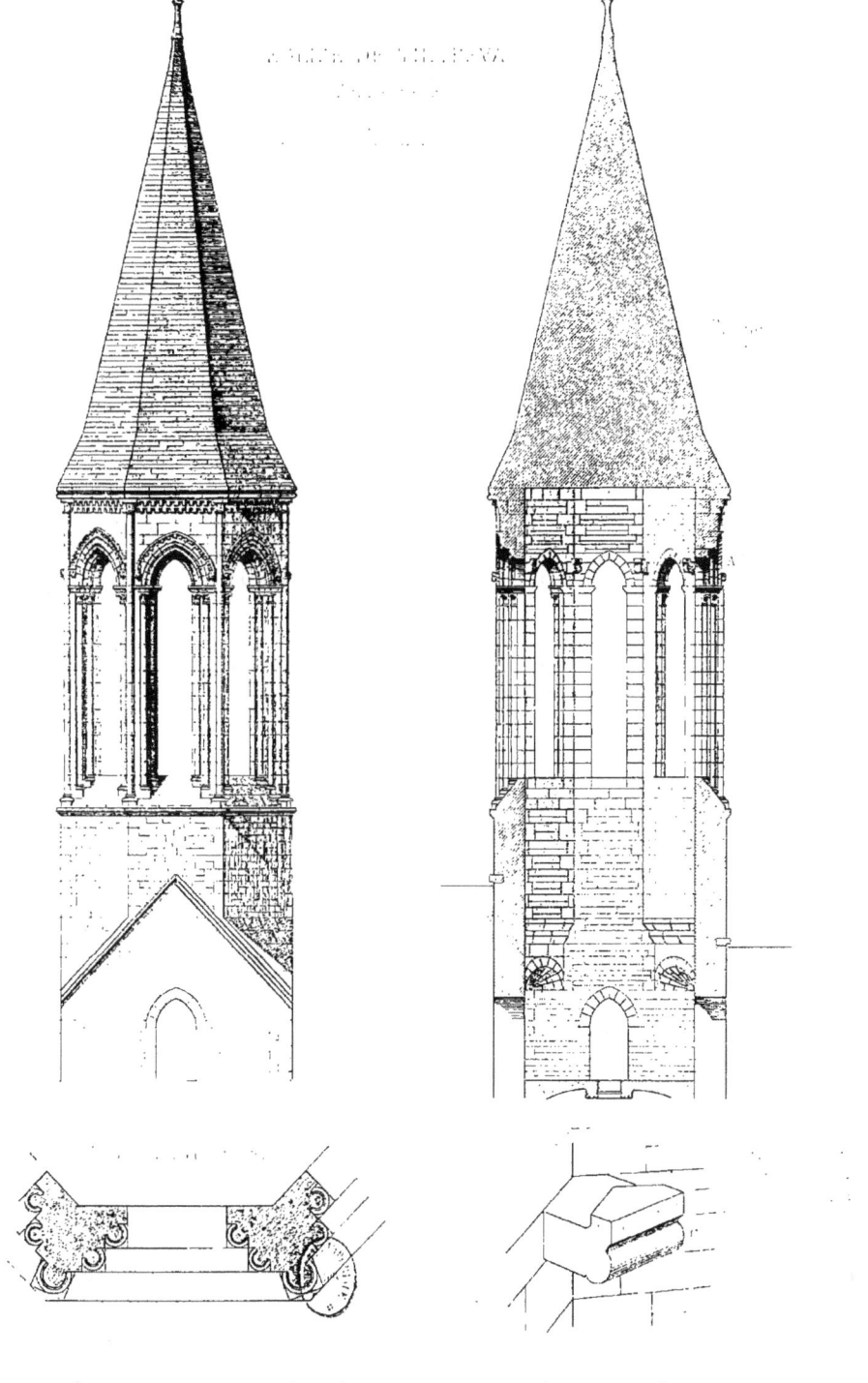

ÉGLISE DE MAREIL-SUR-MAULDRE

(SEINE-ET-OISE)

[5]

La petite église de Mareil-sur-Mauldre renferme des parties de différentes époques ; la nef appartient au xve siècle, elle est intéressante comme détails, mais assez médiocrement combinée comme système de construction ; actuellement elle ne se maintient qu'à l'aide de chaînages posés à la naissance des voûtes, aussi n'avons-nous pas reproduit cette partie de l'église. Le chœur et les transepts ont été élevés au xiie siècle, le clocher n'a été terminé qu'au xiiie. La partie primitive de ce petit édifice présente un certain caractère d'unité, une grande simplicité et d'assez bonnes proportions ; les détails sont bien à l'échelle, les profils bien tracés. On remarquera la disposition toute particulière de la voûte formant le chevet ; elle n'est pas composée de voûtains portés sur des arêtiers, ce n'est en quelque sorte qu'une coupole renforcée au droit des piles par des nervures saillantes. Ce parti limite la hauteur des fenêtres presque à la naissance de la voûte et exige à l'extérieur une partie pleine qui n'est pas d'un très-heureux effet. Dans l'Ouest de la France, on rencontre des exemples analogues, mais alors les ouvertures sont, à l'extérieur, surmontées d'arcatures aveugles qui décorent ce grand nu vertical laissé ici entre les arcs et la corniche. Dans le cas qui nous occupe, la disposition, toute naïve qu'elle est, n'est cependant pas dépourvue d'intérêt ; ainsi, on observera sur l'élévation extérieure de l'abside (planche 4), que les contreforts ne s'élèvent pas au-dessus de la naissance de la coupole, et cela, comme pour bien indiquer que la voûte intérieure est plutôt une voûte uniforme qu'une série de petites voûtes portées sur arêtiers ; dans ce seul fait se manifeste le raisonnement du constructeur. Le clocher est d'une extrême simplicité, mais ses ouvertures élégantes lui donnent une certaine légèreté et suffisent à le décorer ; quoique posé sur plan carré, le comble présente deux pentes différentes. Cette disposition a pour but d'établir une portion de faîtage, et d'éviter ainsi l'effet toujours peu gracieux d'une pointe unique au sommet d'une pyramide rectangulaire.

IMPRIMERIE L. TOINON ET Cⁱᵉ, A SAINT-GERMAIN.

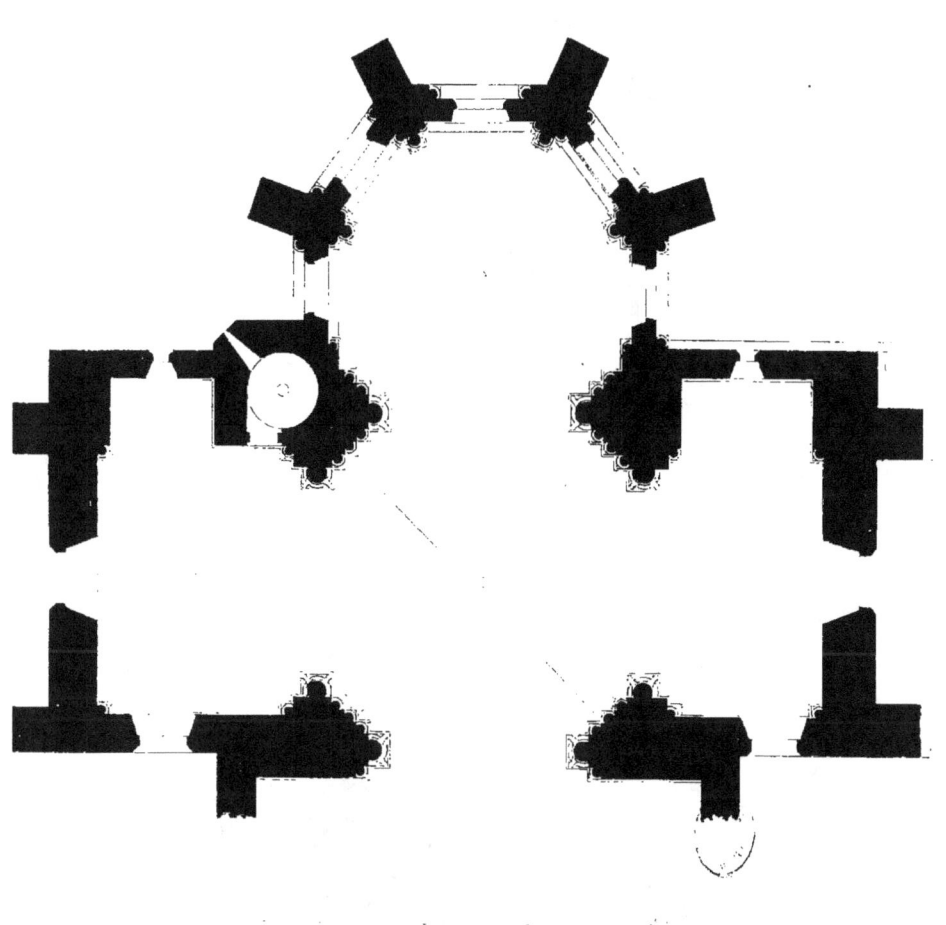

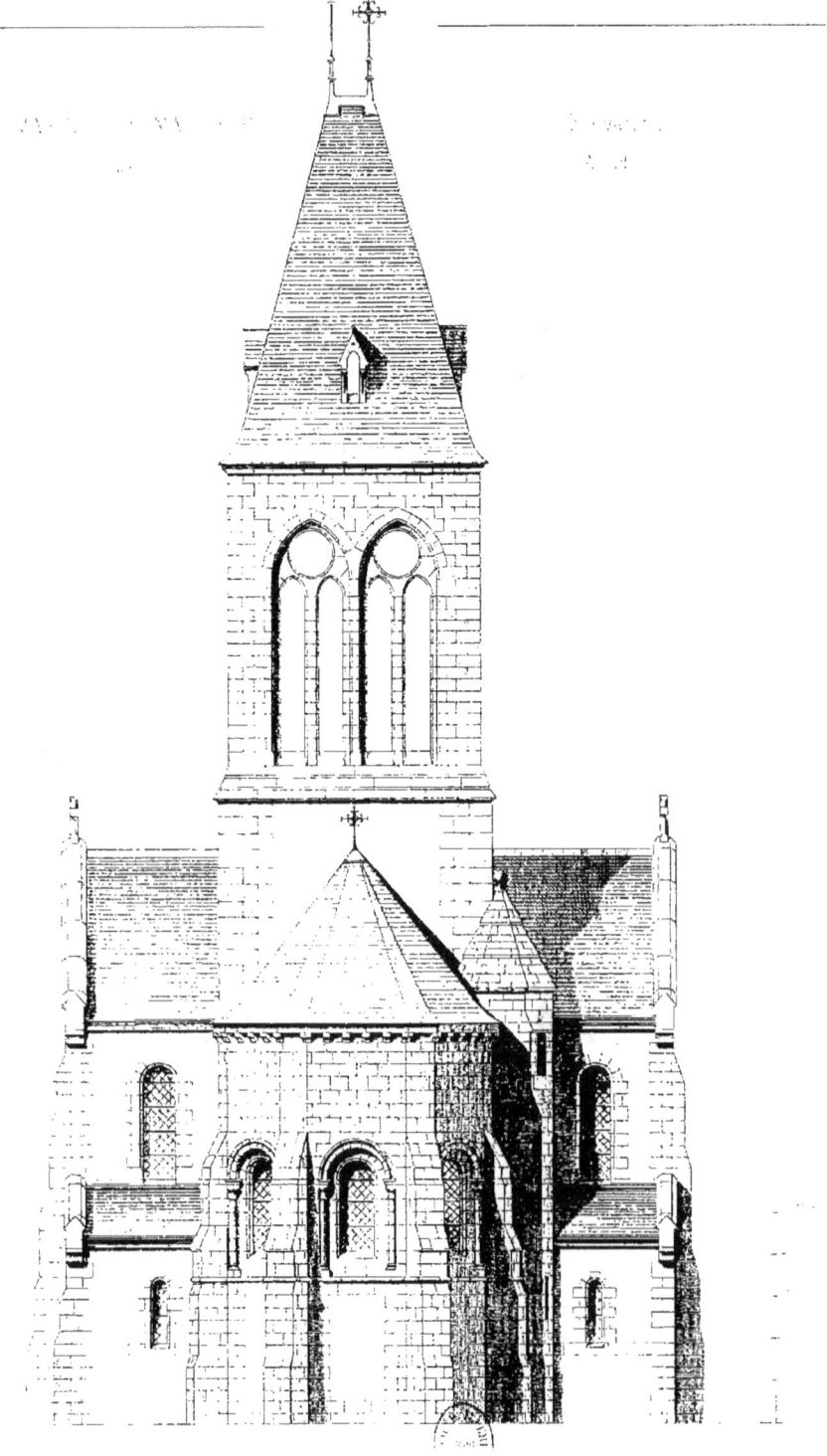

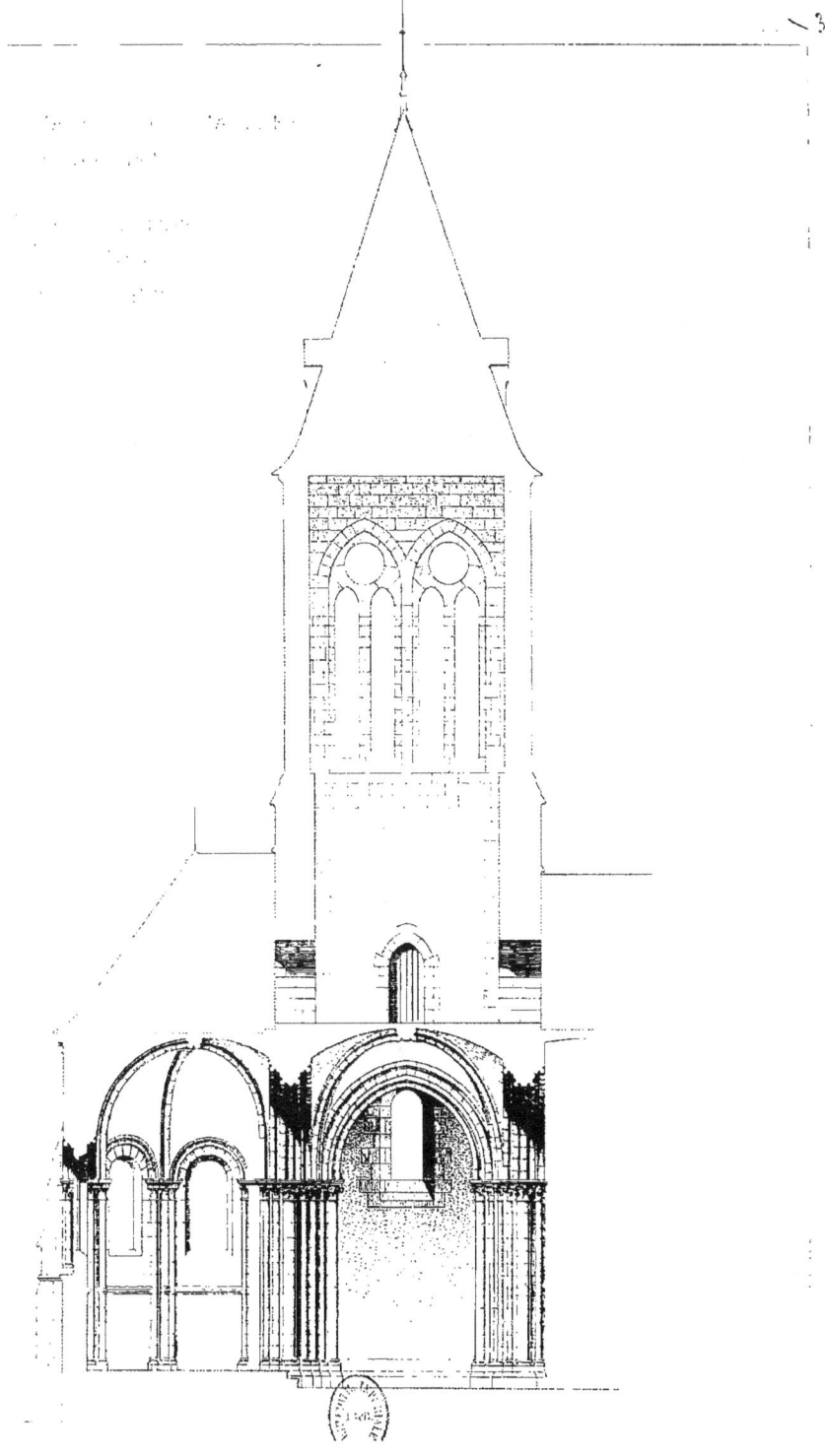

ÉGLISE

DE GERMIGNY-LES-PRÉS (Loiret), DE CHATEAU-PONÇAT

(Haute-Vienne),

DE COGNIAT (Allier).

———

Parmi les constructions religieuses des onzième et douzième siècles, on rencontre de très-petits édifices d'un caractère franc et original qui méritent de fixer l'attention des architectes.

Celle de Germigny-les-Prés (planches 1, 2 et 3), offre une disposition très-curieuse et toute particulière; actuellement cette église possède une nef dépourvue d'intérêt et qui doit être reconstruite, mais il n'est question ici que du chœur, dont la restauration est due à M. Lisch, architecte (1). Dès l'origine il est probable que cette partie de l'église actuelle composait un monument tout entier, vraisemblablement une chapelle d'une destination spéciale. Dans le cas où cette hypothèse serait juste, le plan de ce petit monument présentait la forme d'un carré parfait; la façade principale et l'entrée se trouvaient alors sur le côté du carré auquel aboutit la nef construite postérieurement. Ce qui est remarquable dans cette composition, c'est la parfaite harmonie qui existe entre l'intérieur et l'extérieur et la façon simple dont la construction est combinée. La tour centrale, montée sur des points d'appui relativement grêles, est épaulée dans quatre sens par des arcs maintenus eux-mêmes par les petites chapelles situées dans les axes; sur la façade probablement, il existait un porche en saillie, dont les murs étaient plantés en prolongement des colonnes engagées recevant les arcs de ce côté. Latéralement quatre berceaux en plein cintre franchissent les intervalles laissés entre ces arcs et qui correspondent aux quatre faces de la tour; les portions d'angles sont couvertes par de petites voûtes d'arête; les petites chapelles sont voûtées en cul-de-four; quant à la partie centrale, elle est fermée par une coupole circulaire posée sur des trompillons rachetant la forme rectangulaire. On le voit, rien de plus simple et de plus naïf que cette construction basée, il est important de le remarquer, sur l'emploi de matériaux de petites dimensions.

(1) Nos planches reproduisent cette partie de l'église restaurée; sur le plan les teintes grises représentent les parties qu'il a fallu reconstruire. Nous devons les plans des dessins de ce petit monument à M. Lisch, architecte.

L'abside de l'église de Château-Ponçat (planche 4) (1) présente en principe une disposition qui est bonne, mais qui a le défaut ici d'être appliquée à des dimensions trop restreintes; en élargissant les bas côtés, on pourrait en tirer un excellent parti.

Quant à l'église de Cogniat (2), elle peut être considérée, parmi les petits édifices voûtés à une nef, comme un type complet et des plus satisfaisants. Cette construction est des plus modestes et des plus simples; à part les quelques colonnettes de l'étage du beffroi et de l'abside, on n'y trouve pas le moindre ornement, et cependant, malgré l'absence de toute décoration, ce petit monument est d'un aspect charmant et possède toutes les qualités d'une œuvre d'art. La disposition du clocher surtout est remarquable; grâce à la position qu'il occupe et à la façon dont il est combiné, sa partie inférieure profite à l'intérieur de la nef, et sa construction n'exige à la base aucune partie superflue de maçonnerie, puisque tout le poids porte sur le mur pignon de la façade et sur les murs latéraux de la première travée.

La nef et le transept sont fermés par des voûtes en berceaux; les chapelles sont voûtées en cul-de-four; les couvertures, sauf celle de la flèche qui est en pierre, sont exécutées en tuiles creuses. Quant aux maçonneries, elles sont montées en pierre d'appareil pour quelques parties spéciales et en moellons taillés.

Cette petite église peut contenir au moins trois cents personnes. La somme nécessaire pour en élever une semblable aujourd'hui, dépendrait beaucoup des prix de localité; mais à coup sûr sa construction n'exigerait pas une dépense plus grande que la plupart des bâtisses de ce genre que nous voyons journellement s'exécuter en moellons et plâtre, et dans lesquelles sous prétexte d'économie on prétend renoncer à une construction raisonnée. Si cependant les architectes contemporains avaient le courage de rester dans les limites imposées par la simplicité des programmes et la faiblesse des ressources affectées aux constructions communales, et s'ils cherchaient la solution du problème avec l'esprit de sagesse qui a guidé le constructeur de l'église de Cogniat, nous aurions jusque dans le plus petit village des monuments durables et possédant au moins le caractère de dignité que réclame leur destination.

---

(1) Cette planche a été faite d'après un relevé de M. Narjoin, architecte.

(2) L'église de Cogniat a été restaurée par M. Millet, architecte; notre planche a été faite d'après ses dessins.

ÉGLISE DE GERMIGNY LES PRÉS, Loiret.

Restauration par M. Lisch, architecte.

Plan

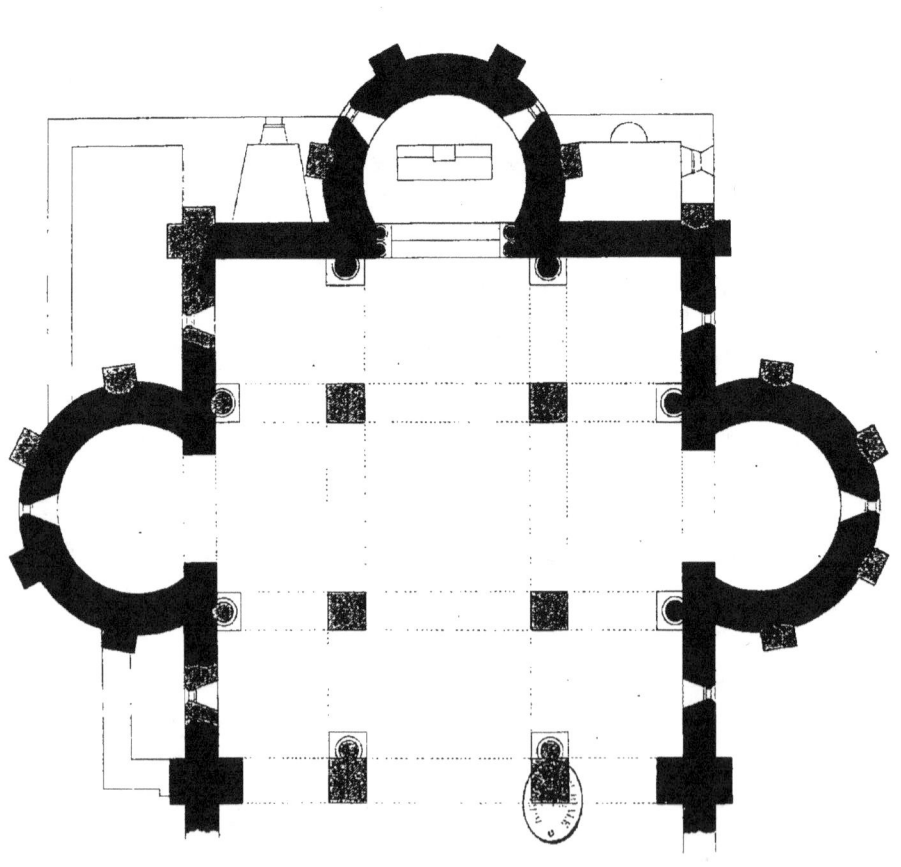

Échelle de ⎯⎯⎯⎯⎯⎯⎯⎯⎯⎯ Mètres

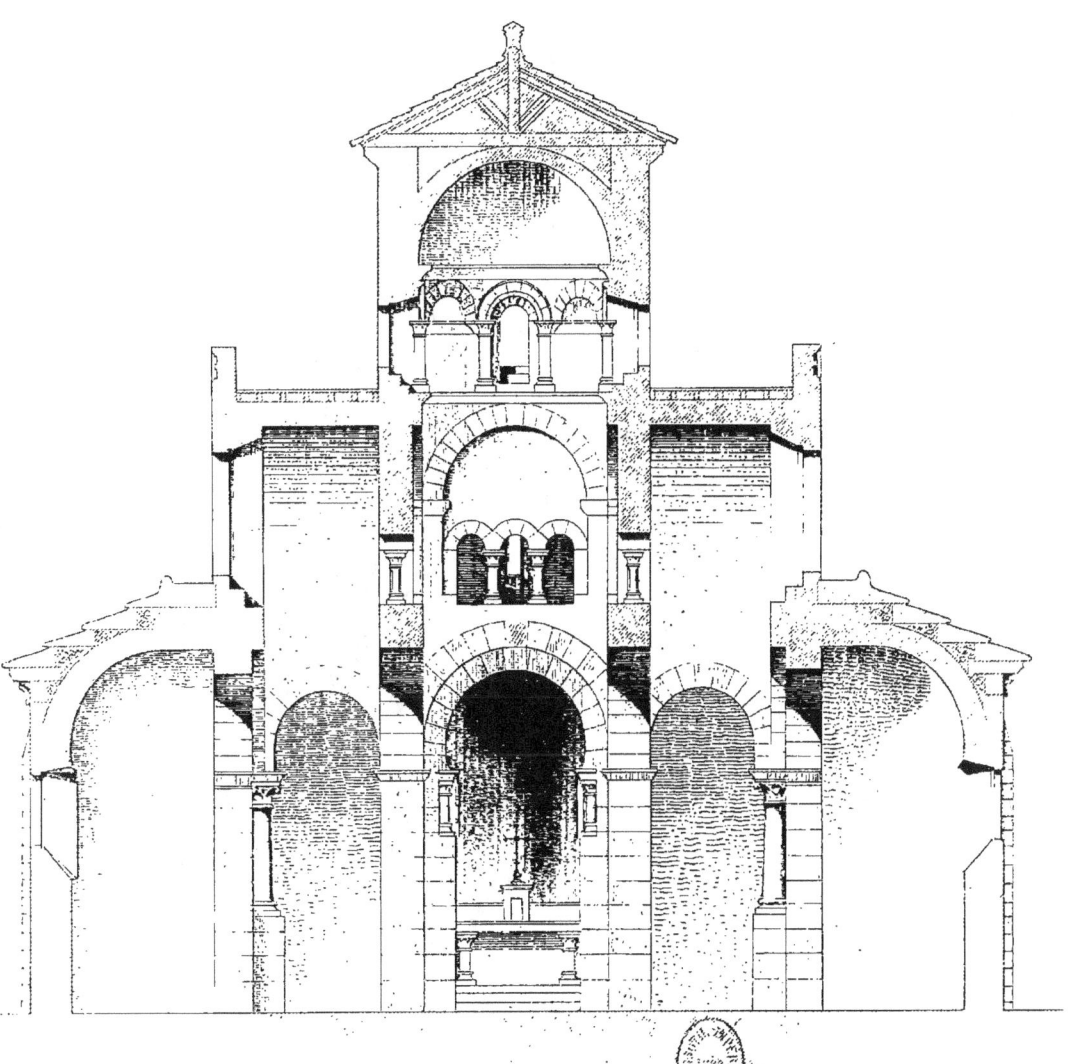

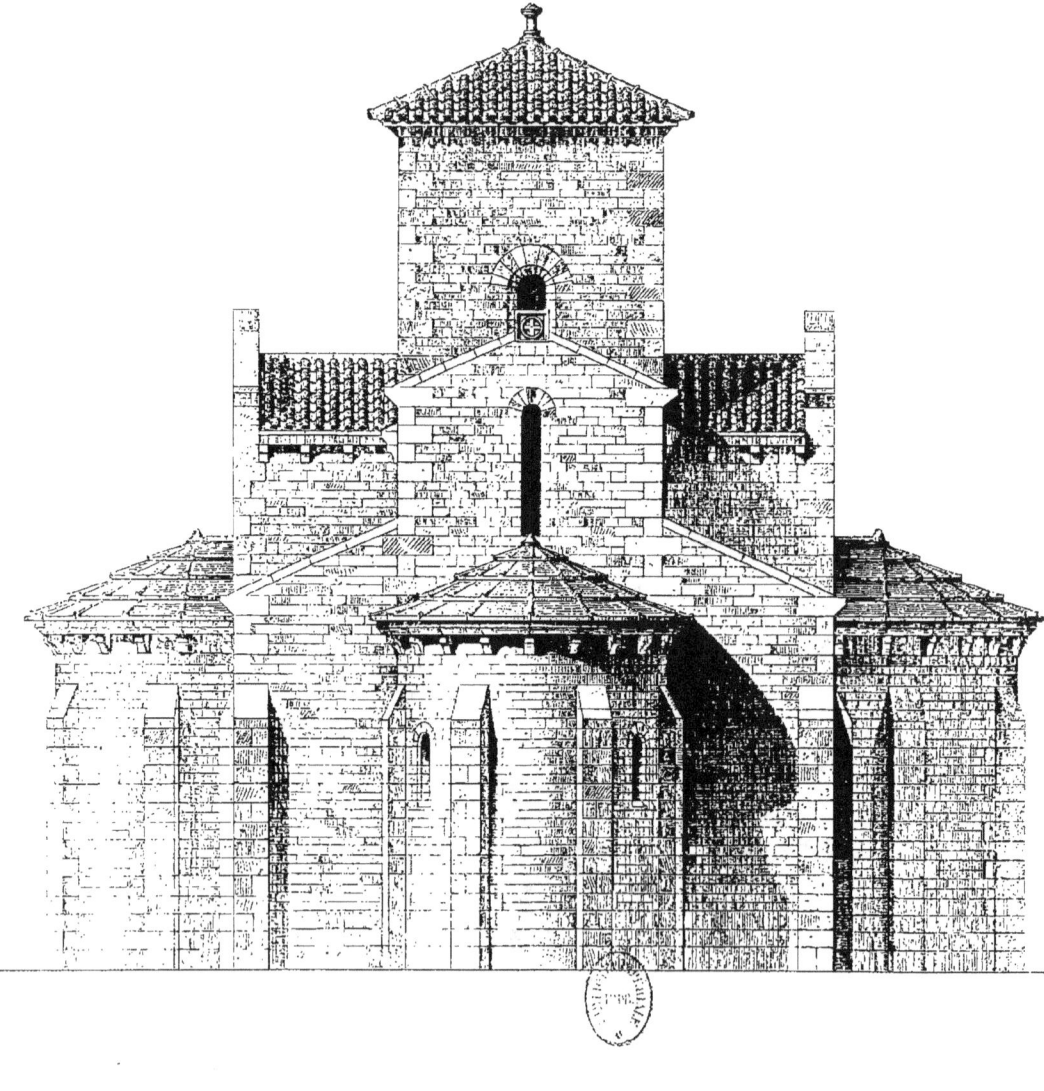

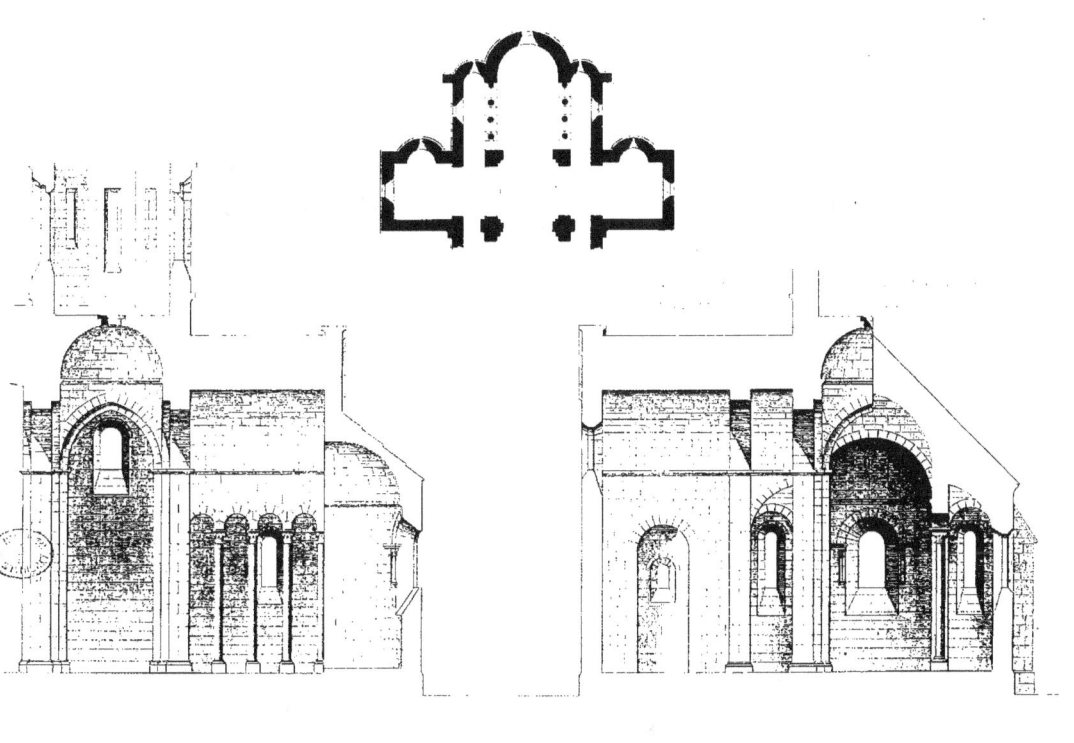

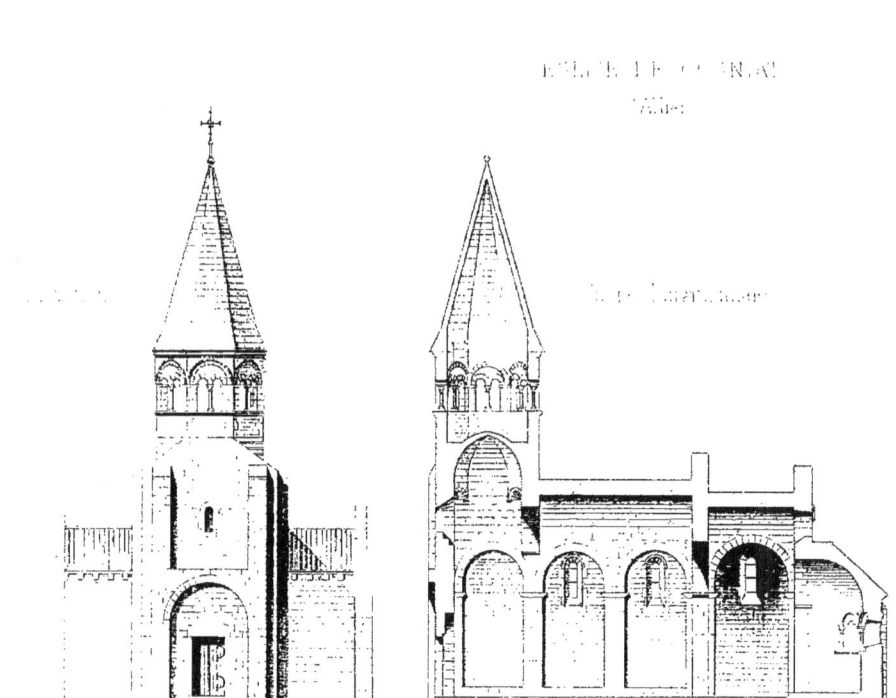

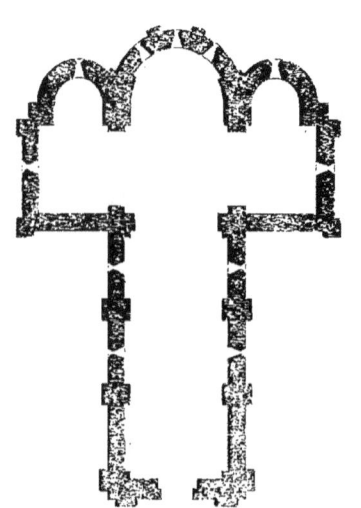

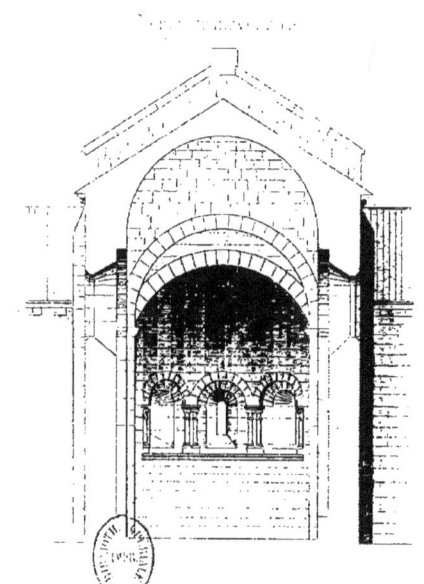

ÉGLISE

DE JOUY-LE-MOUSTIER (Seine-et-Oise), DE CAMBRONNE (Oise),
DE LA CHAPELLE-SUR-CRÉCY (Seine-et-Marne),
DE THIVERVAL (Seine-et-Oise), DE CHAMPAGNE (Oise).

En fait d'églises voûtées et composées de trois nefs, le moyen âge nous a laissé les solutions les plus intéressantes et les plus diverses ; l'aspect et les systèmes de constructions varient non-seulement en raison des dimensions absolues des édifices et de l'écartement des points d'appui, c'est-à-dire de la largeur relative des nefs, mais encore en raison de la nature des matériaux. Nous avons déjà eu, dans le courant de cet ouvrage, l'occasion d'en fournir un certain nombre d'exemples; mais ce sujet si intéressant ne saurait être trop étudié, et nous croyons devoir compléter les renseignements que nous possédons à cet égard à l'aide de quelques exemples qui, présentés simultanément et à la même échelle, feront mieux ressortir de quelle façon les constructeurs de cette époque comprenaient le problème et comment ils ont su le résoudre.

Déjà au douzième siècle, ils se préoccupaient de voûter des édifices à trois nefs, en partant de ce point de départ, que d'une part il fallait réduire autant que possible le nombre et la section des points d'appui intérieurs, afin d'économiser la matière et de faciliter la vue et la circulation, et de l'autre ne pas exagérer la hauteur des nefs centrales, tout en les éclairant par des jours pris au-dessus des combles des bas côtés. Dès qu'ils eurent trouvé le moyen de combiner et de construire un système de voûtes permettant de reporter les poussées à l'extérieur sur des points et non sur des murs continus, la solution devint possible ; en effet, par le fait de la combinaison générale des voûtes, les points d'appui intérieurs n'étaient plus que des supports, ayant à remplir deux conditions : être maintenus en équilibre par les charges supérieures, et offrir une résistance suffisante à l'écrasement; d'un autre côté, grâce à la forme des voûtes qui dégageaient les murs goutterots, il suffisait d'élever très-peu la naissance des voûtes supérieures au-dessus du sommet des voûtes basses pour trouver l'espace nécessaire à l'ouverture des jours pris au-dessus des combles des collatéraux. Parmi les petits édifices du douzième siècle, l'église de Jouy-le-Moustier (planche 1) peut être considérée comme un exemple très-complet et très-satisfaisant du système en question ; il est difficile de remplir les conditions voulues d'une façon plus simple et avec des proportions plus heureuses. Mais de ce qu'une solution était

trouvée et donnait satisfaction entière, les constructeurs de cette époque n'en con-
cluaient pas qu'elle devait servir de type absolu; ainsi, par exemple, dans l'église
de Cambronne (fin du treizième siècle) (planche 2), les dimensions absolues et relatives
sont les mêmes, à très-peu de chose près, qu'à Jouy-le-Moustier; le système de
construction adopté est identique, et cependant l'aspect est très-différent.

Dans les deux exemples qui précèdent, la poussée des voûtes est contre-buttée par
des arcs-boutants logés sous le comble des collatéraux, mais il n'en est pas toujours
ainsi; si la largeur de la nef principale atteignait une certaine dimension sans que
celle des bas côtés augmentât, il devenait difficile sinon impossible de contre-butter
les voûtes hautes sans le secours d'arcs-boutants plus élevés que le comble des bas
côtés; en effet, la poussée devenait plus considérable et la naissance des voûtes,
pour contenter les proportions du vaisseau à l'intérieur, devait avoir lieu plus haut
par rapport aux parties intérieures de l'édifice. L'église de la Chapelle-sur-Crécy
(planche 3) est un exemple original et fort intéressant de cette disposition.

Parfois, sans que les dimensions des nefs soient plus grandes, les arcs-boutants
extérieurs apparaissent néanmoins comme dans les églises de Thiverval et de Champagne (planches 4 et 5), par exemple. Dans ces deux cas, ils sont la conséquence du
parti pris d'agrandir les jours supérieurs, qui entraînait forcément une surélévation de
la naissance des voûtes hautes dont le développement, pour une largeur donnée, ne
peut varier, puisqu'il est toujours déterminé dans le système gothique par les arcs
diagonaux tracés suivant un plein cintre. Ici le système de construction est moins
simple et moins sévèrement combiné en raison du peu d'importance des monuments
que dans les cas précédents; certainement l'église ne tiendrait pas sans le secours
d'arcs-boutants extérieurs, mais on sent qu'il était possible, tout en conservant le
parti général, de les tenir plus bas et de leur donner moins d'importance.

Quoi qu'il en soit, ces deux exemples sont intéressants à étudier, même dans leurs
défauts; toutes les œuvres de cette époque, surtout celles d'un ordre aussi secondaire que celles qui nous occupent, ne sont pas parfaites; pour en tirer un enseigne-
ment utile et profitable, il faut multiplier les études et comparer.

ERRATUM. — Livraison 27, ligne 10. page 2, lisez, après pyramide. *ainsi*, au lieu de. *bien*.

C'est à M. Selmersheim, architecte, qui a bien voulu nous communiquer ses excellents relevés, que
nous devons les clochers d'Auteuil, de Conflans-Sainte-Honorine, de Limay et d'Athis-Mons.

IMPRIMERIE L. TOINON ET C², A SAINT-GERMAIN.

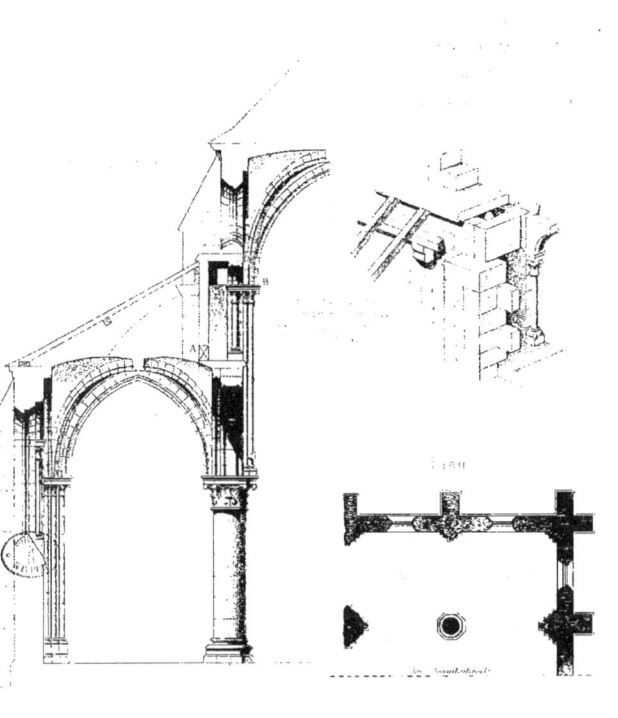
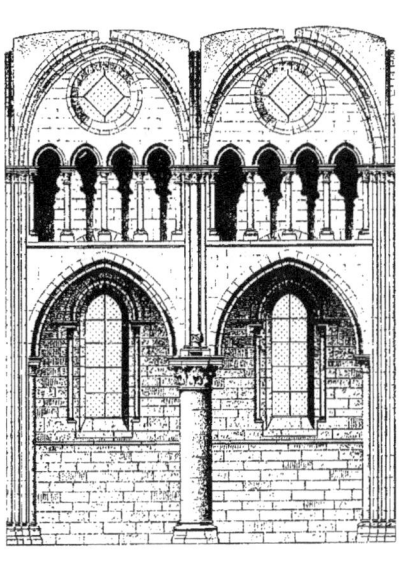

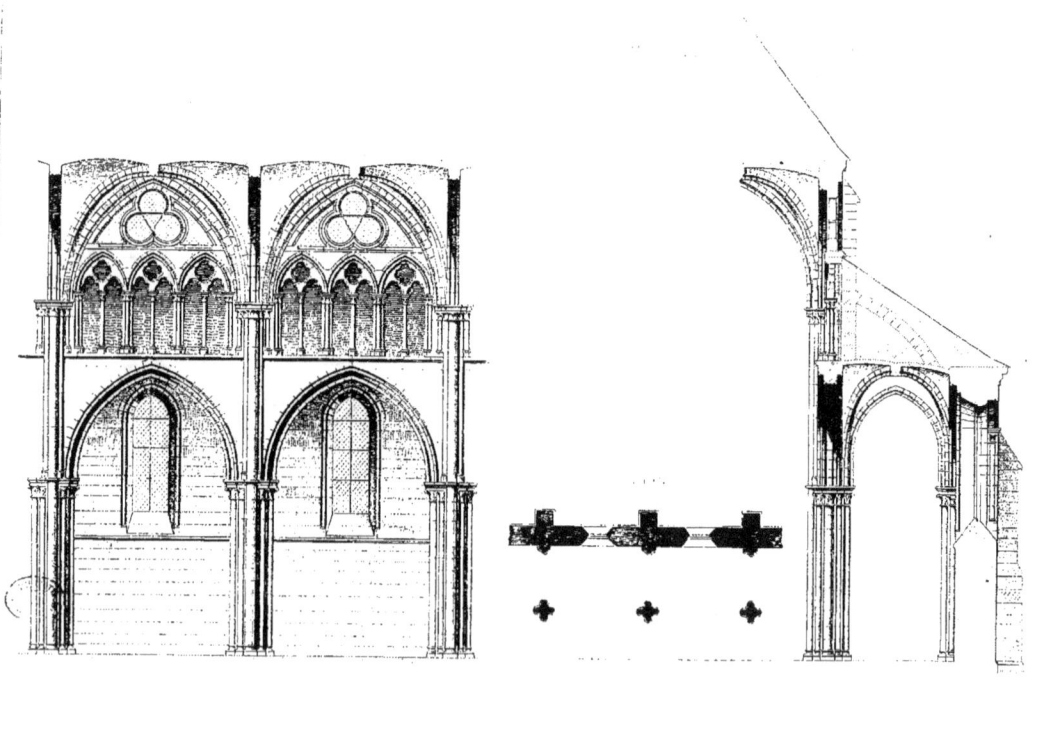

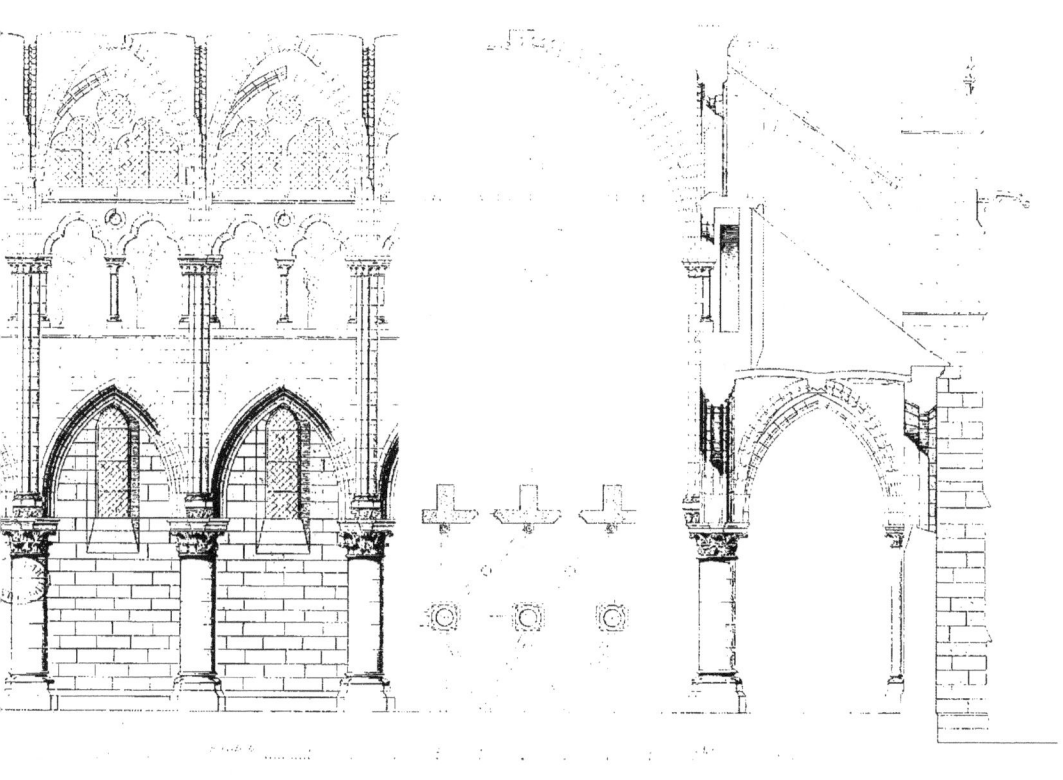

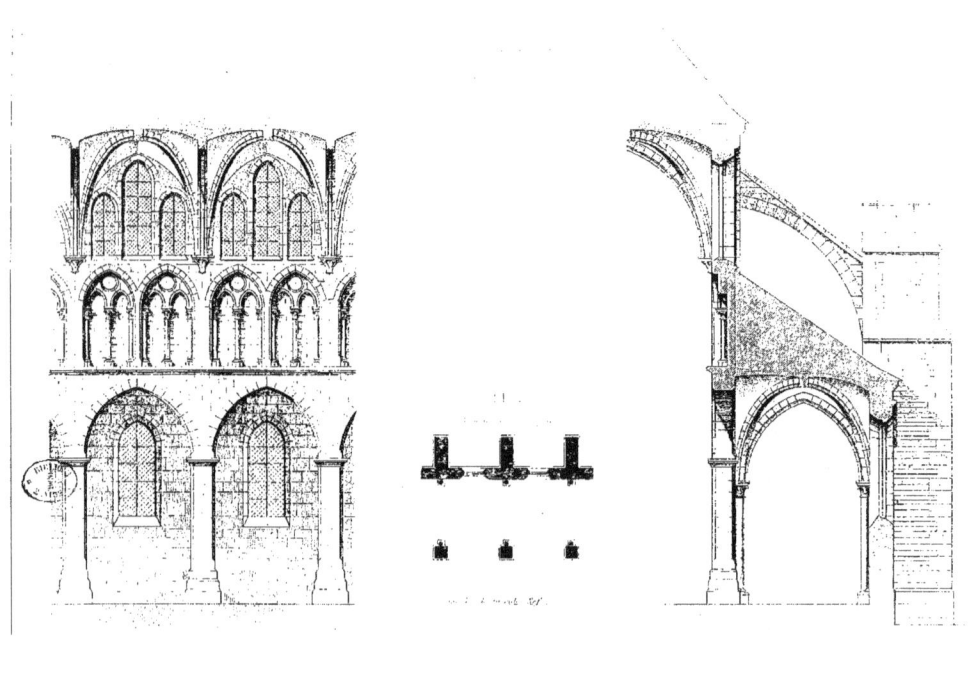

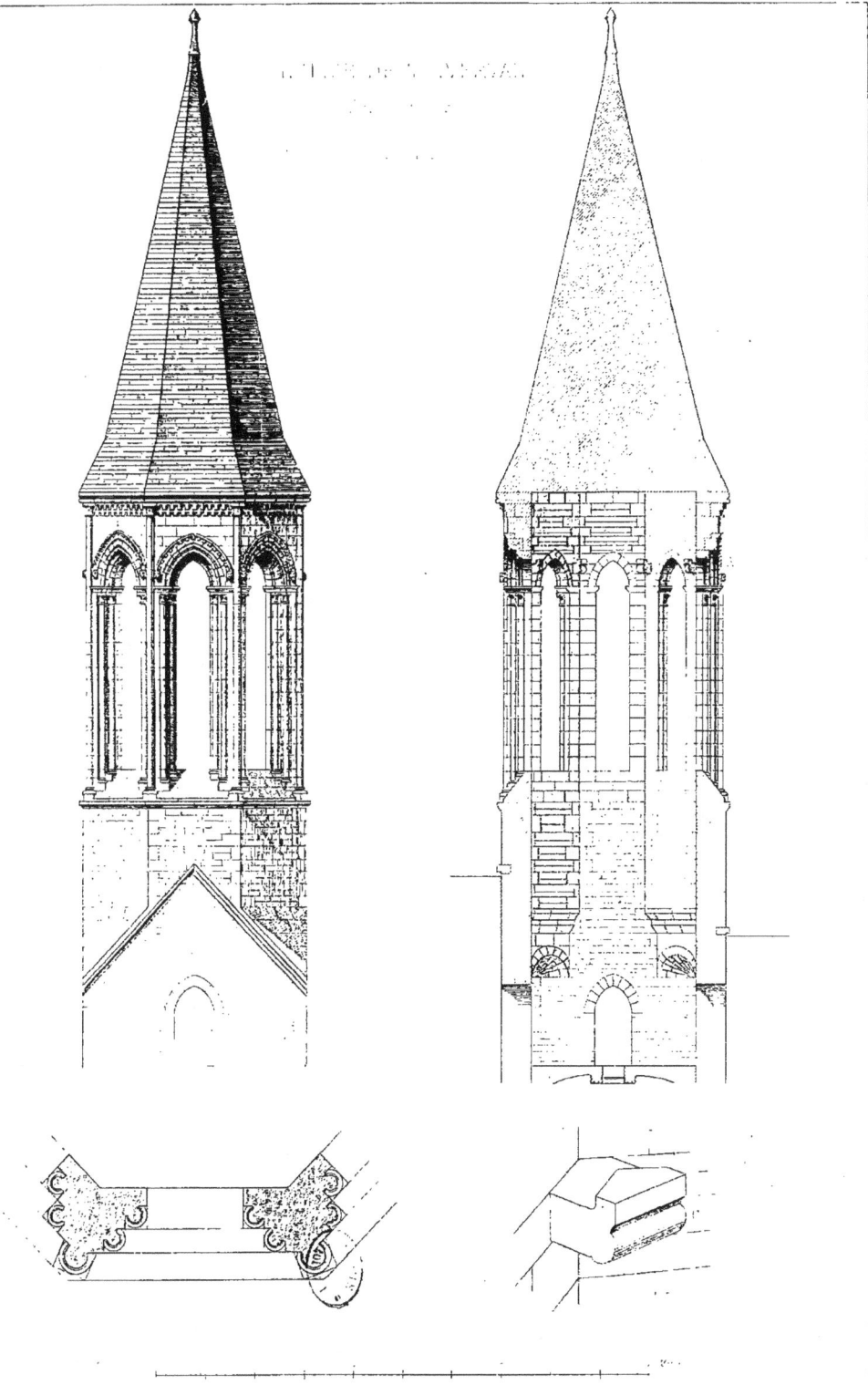

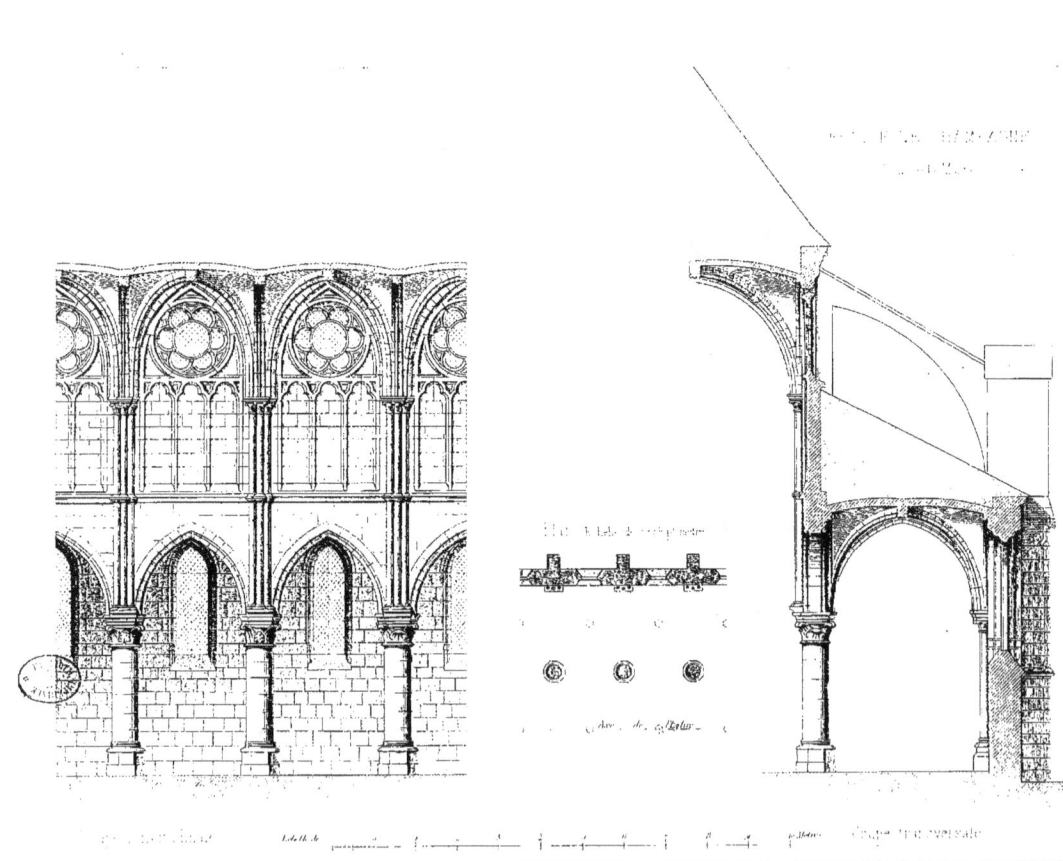

www.ingramcontent.com/pod-product-compliance
Lightning Source LLC
Chambersburg PA
CBHW071602220526
45469CB00003B/1098